国民総「最底辺」社会

貧困クライシス

Fujita Takanori
藤田孝典

毎日新聞出版

はじめに

日本では貧困が広がり続けている。それも驚くほど速いスピードで。気づいたら身近に迫っていて、身動きができなくなっているかもしれない。これまでも私は「下流老人」や「貧困世代」という言葉で警鐘を鳴らしてきている。

本書では、そんな拡大し続ける貧困について、全世代を網羅して見ていきたい。もはや高齢者も若者も子どもも、そして男性も女性も貧困に苦しんでいる。いまだかつてこのような時代はなかったはずである。まさに本書のタイトルのとおり、「貧困クライシス」と呼ぶべき危機が社会全体を覆っている。

たとえば、子どもの貧困は見た目ではわからない。文具はあるし、教科書は支給されるし、携帯電話だって持っている。服装がボロボロというわけではない。それでも、塾に行けずに学校の授業についていくのがやっとの子がいる。勉強の仕方もわからない子は、家でLINEでもやるしかない。友人から仲間はずれにされたら、学校にも居場所がなくなるからだ。日が暮れると、スーパーの総菜やコンビニ弁当の夕食をとる。パートタイムで働いている母親は、昔の子どもなら寝ていたような時間に帰ってくる。時給は安く、閉店間際《まぎわ》のスーパーが総菜を値引きするのがとても助かる。毎日忙しく、親がいない間、子どもが何をしているかよく知らない。子どもは、同じような境遇の友人と遅くまで外で遊んでいても、誰も気にかけてなどくれないと思う。自分は誰にも大事にされていない、存在があってないようなものだと感じる。

そんな子どもたちが日本各地にひっそりと生活している。

貧困から抜け出すために、高校、大学へ進学し、なるべく安定した就職先や有利な雇用、より多くの生涯賃金を得ていきたいと考える。高校や大学生活を維持するため、朝から夜まで学費や生活費を稼ぐために、バイトを掛け持ちして、遊ぶどころか睡眠時間さえ取れないまま学生生活を続けている。卒業すれば、祝福の代わりに、奨学金という名ばかりの〝借金〟を押しつけられて、いつまで続けられるかわからないブラック企業の脅威に怯えながら仕事をしなければならない。先輩たちは長時間労働やパワハラの末に、傷つき疲れ果て、早々と離職していく。次は自分の番かもしれない。そうならないうちに転職先を探すが、どの企業もだいたい同じような境遇だ。逃げ場がない。

そんな不安に押しつぶされそうになっている若者たちが、日本各地に存在している。どうしたらいいのかわからない「ぼんやりした貧しさ」が日本を覆っている。東南アジアにはスラムで生活して路上で寝ている子もいる、日本はまだ豊かである、といった論には異議を唱えたい。本書でも詳述するが、貧困には「絶対的貧困」と「相対的貧困」があり、**路上で寝なければならないような壮絶なものを絶対的貧困と呼ぶ。日本では、**そうではない、**健康で文化的、そして人間らしい生活ができないようなもの、いわゆる相対的貧困が拡大している**のだ。

若者。働き盛りの中年、壮年。女性、そして高齢者。「今は貧しいけれども地道に働いていれば、幸せな老後が待っている」という希望を失った社会は、絶対的貧困ではないけれども、常に貧困クライシスにさらされ、極めてストレスフルだと私は考える。

私は埼玉県さいたま市を拠点に、「NPO法人ほっとプラス」という非営利団体を仲間たちとともに組織し、生活困窮者を支援する活動にかかわってきた。肉体労働で体を酷使し、アパートを追い出されて野宿するといったわかりやすい貧困者は、この15年ですっかり影を潜めた。貧困ビジネス等により仮住まいが提供されるようになり、ネットカフェなどが全国で普及したこともある。

だが、それによって、自分の置かれた厳しい現実を客観視できなくなったり、誰にも相談せず過度に自分を追い込んでしまったりする傾向が見られるようになった。「自身が貧困であることを認めたくない」という意識が、さらに貧困の存在を見えなくしている。幸い、ほっとプラスには年間約500件を超える相談があり、支援者である私たちは、極めて貧困が見えやすい位置にいる。見えてきた貧困を少しでも社会に伝え、多くの人とクライシスを共有していきたい。そして、早めに貧困に気づき、対処できる力を養っていただきたい。

さて、第1章では10代から20代までの若年層の貧困を扱う。なぜ若者は3年で会社を辞めるのか、なぜ結婚しないのか。年配の方には今の若者たちは謎だらけだと思う。彼らが置かれている状況を率直に綴った。

第2章では、40代以降の、家計を支える中年世代の辛苦を追う。家計の担い手である彼らが非正規就労を強いられているのは大変なことだが、実は担い手となる機会さえ失った引きこもり、ニート、働いたことのない若者たちが中年にさしかかろうとしている。親子共倒れになる可能性も出てきた。

第3章では、女性の貧困を扱う。第2章の「中年の貧困」には女性のケースを入れていない。中年男性の貧困と中年女性の貧困は全く別の問題になってしまっているからだ。背景には、高度成長期前から続く、男女の賃金格差がある。雇用の崩壊の波をもろにかぶったのがシングルマザーを含め、1人で自活しようとしている女性たちでもあり、他の章より多めにページを割かせていただいた。

第4章では、65歳以上の高齢者の貧困事例をあげる。ほっとプラスに寄せられる相談の半数は、人生があと数十年あるのに収入の途絶えてしまった「老人」たちからであり、長寿が計り知れない悲劇を呼び起こしているのは無念としか言いようがない。

第1章から第4章までの末尾には、日本が向かうべき方向を「提言」として示唆させていただいた。

さらに、貧困への具体的対策をまとめたのが第5章である。今日明日の暮らしに困っているという方は、第5章から読んでもらってかまわない。

本書を通じて、日本が生涯貧困に至った背景と実態をつまびらかにし、起死回生の道を多くの読者と模索できれば幸いである。

貧困クライシス　国民総「最底辺」社会　目次

第1章　若者の貧困

第2章

中年の貧困

第3章　女性の貧困

第4章 老人の貧困

第5章 貧困ニッポンを生きる
社会と個人ができる最善策

カバーデザイン――宮坂佳枝
編集協力――柴崎あづさ
DTP・図版――ペリカン
帯写真（著者）――髙橋勝視
（貧困デモ）――戸嶋誠司

第1章

若者の貧困

学校からドロップアウトする10代。３００万円の奨学金返済からキャリアをスタートする新卒者。使い捨てにされて倒れ、20代で無業となった若者。「若いんだからいつでもやり直しが利く」と、彼らはいつまで言われ続けるのだろう。

本章では、かつての若者像の終焉を説き、１９９０年代以降の雇用の崩壊が、その後に生まれた若者たちの仕事と人生観にどんな影響を与えたか振り返る。団塊の世代ジュニアが、高度成長期で資産形成をなしえた団塊の世代に支えられているのと比べると、さらに若い世代は、学校、企業、地域社会からこぼれ落ちかかっているといってよい。危機を次の世代に渡さないためにも、まず彼らから日本再生のプログラムは立ち上がらなければならない。

支援を訴えたら「お前は貧乏じゃない」とバッシングされた女子高生

２０１６年８月18日、ＮＨＫのニュース７で、「子どもの貧困」をテーマとした番組が報道された。生活の窮状を訴える子どもたちが登場し、家の様子をＶＴＲなどで紹介して裏づけとする内容である。

「かながわ子どもの貧困対策会議」というこのイベントには多くの子どもたちが登場した

が、番組では、デザイナーを志望する女子高生がピックアップされていた。母親と2人暮らしのアパートには冷房もなく、学校でパソコンの授業があっても、パソコンを持っていない。代わりに買ってもらった、キータッチ練習用の小型キーボードがつましく映る。経済的事情から、絵の専門学校への進学も断念せざるをえず、「当たり前のことが当たり前でない子どももいる」「ちゃんと夢を持っているのに、なぜ目指せないんだろう」とスピーチの中で訴えていく。

6人に1人。厚生労働省がまとめた所得が、一定の水準に満たない貧困状態にある子どもの割合である。少女の母親はアルバイトで生計を立てており、正社員ではない。つまり、誰にも納得のいく内容だったはずであるが、たまたま映った少女の部屋にはアニメグッズがたくさんあり、さらにはイラスト用の高価なペンが映ったことから、少女のアカウントとされるツイッターが特定された。そのツイッターから、少女は1000円の昼食を食べ、好きな映画も観に行っていたことがわかり、ネット上ですさまじい攻撃の対象となっていく。

〈ずいぶん文化的な生活してんじゃん〉

〈映画やランチを楽しんでいるのに貧困？ 支援？ ふざけるな〉

〈ＮＨＫは捏造《ねつぞう》をやめろ〉

〈ぶっちゃけ親の所得なんて課税証明書でも見ない限りわからない。本当に貧困なの？〉

〈外野はわからないよね。瞞《だま》される〉

これに輪をかけたのが、国会議員のツイートである。

〈確かにつましい暮らしをされているようですが、ランチやグッズを節約すればパソコンくらい買えるのでは？　経済的理由で進学できないようなら奨学金制度もありますよ〉

揶揄《やゆ》めいたつぶやきは、賛否両論を引き起こした。貧困バッシングにあらがう街頭デモまで起き、騒ぎの中、少女はツイッターのアカウントを閉鎖する。

絶対的貧困と相対的貧困

肉体・生命維持で精一杯の極限状況は「絶対的貧困」と呼ばれ、もはやアジア、アフリカのような発展途上国でしか見られないといってもいい。低所得、栄養不良、健康不良、教育の欠如など、とうてい人間らしく生きられない極限状態と、国連が定義している。

だが、十分食べられて、雨漏りのしない屋根があっても、人間らしく生きられないことがある。この状況は「相対的剥奪（Relative Deprivation）」と呼ばれ、１９６０年代に入って英国の社会学者ピーター・タウンゼントが初めて提唱した。冷蔵庫を持っているか、友人関係を維持しているか、教育にお金をかけているかといった指標があり、女子高生を叩いた人からは「ふざけるな」と言われそうな、外食しているか、ホームパーティーを開いているか、といった項目まである。ホームパーティーが開けるということは、友達がおり、友達を呼べる家があり、彼らに腕を振るう企画と料理の才があるということかもしれない。国民の大半がそうやって楽しんでいる暮らしが望めなければ、社会保障などの援助がさしのべられなければ、豊かな社会とは言えない。

第2次世界大戦後に経済成長が進む英国では、もはや貧困はなくなったものとされていた。タウンゼントによって貧困は再発見されたといわれている。

バッシングされた女子高生が「貧困」なのか、「節約すればいいだけ」なのか、統計学的に見分ける方法がある。

世帯収入から税金や社会保険料などの「非消費支出」を差し引いた手取り収入が「可処分所得」という実際に使える額であり、この「可処分所得」を世帯人数の平方根で割ったものが、「等価可処分所得」である。世帯員の生活水準をより実態に近い状態で表せる数字であり、この等価可処分所得の中央値（所得を低いものから高いものへと順に並べて2等分する境界値）は、2012年時点で244万円という名目だった。この名目値の半分、つまり122万円に届かない人の割合を示すのが、いわゆる「相対的貧困率」となる。世帯員の人数別で示せば、単身世帯は122万円、2人世帯170万円、3人世帯210万円、4人世帯245万円未満の収入しかない人が、相対的貧困と見なされる。

2012年の厚生労働省国民生活基礎調査では、日本の相対的貧困率は16・1％である。1985年の調査開始以来最も高く、また経済協力開発機構（OECD）加盟34カ国中で6番目に高い数字（2010年）を示した。

もちろん、明日どうなるかわからない非正規雇用で働く母親と暮らす女子高生も、その一人

図表1-1 世帯人数別貧困ライン

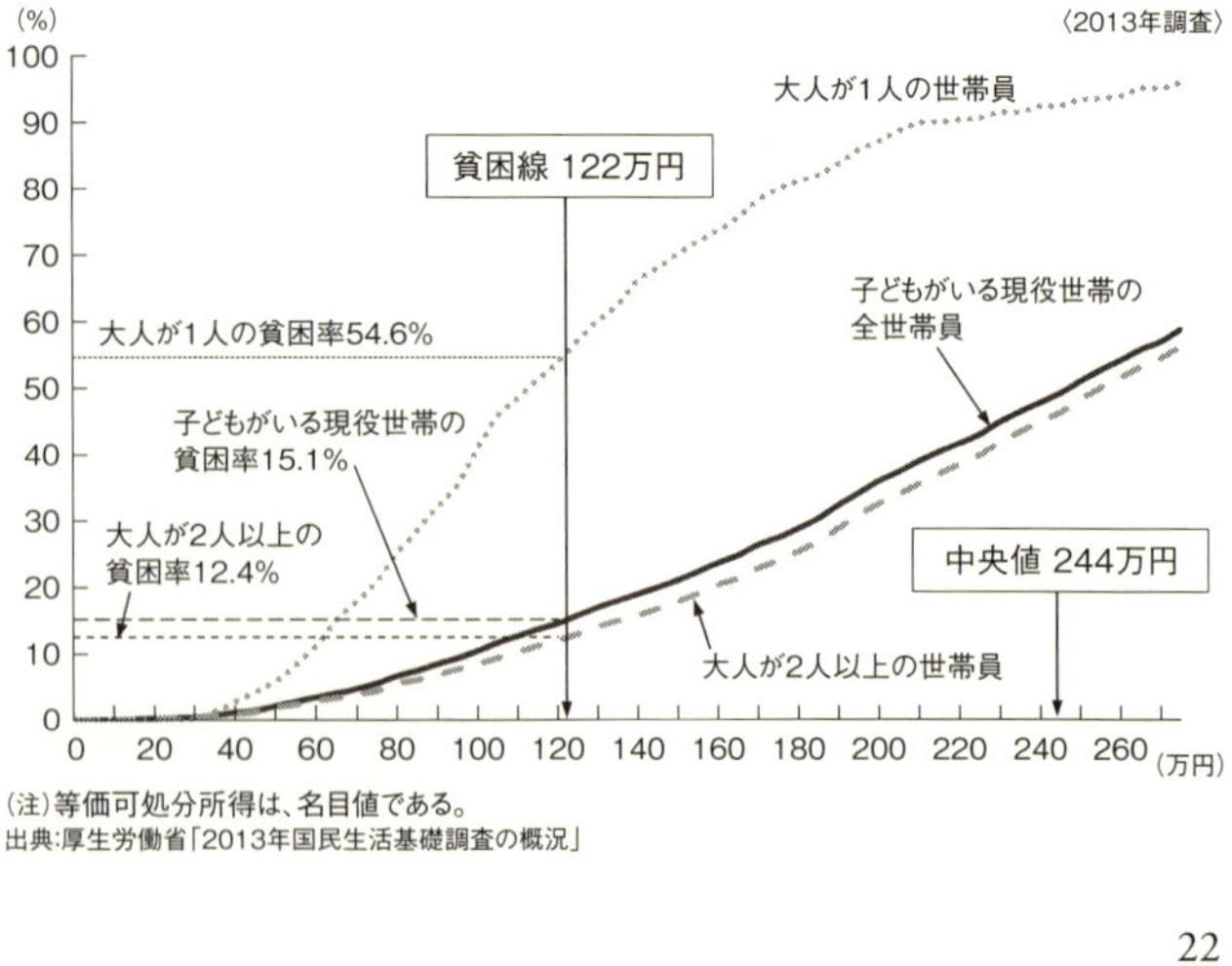

(注)等価可処分所得は、名目値である。
出典:厚生労働省「2013年国民生活基礎調査の概況」

である。２人世帯なら、可処分所得が１７０万円ないと貧困ラインになってしまうからであり、子育てをしながらシングルマザーがそれだけ得るのはまず難しいだろう。

子どもの貧困が見えにくくなっているのは、「××国では路上に寝ているストリートチルドレンもいるのに」という絶対的貧困との中途半端な、間違った比較により相殺されているからではないだろうか。そして、何より相殺にいそしんでいるのは、日本ではＳＮＳの匿名に隠れて貧困バッシングをする人々なのである。

「貧乏人は貧乏人らしく」の傲慢

貧困なのだから映画を観てはいけない、アニメグッズをそろえてはいけない、という人々

図表1-2 相対的貧困率の年次推移

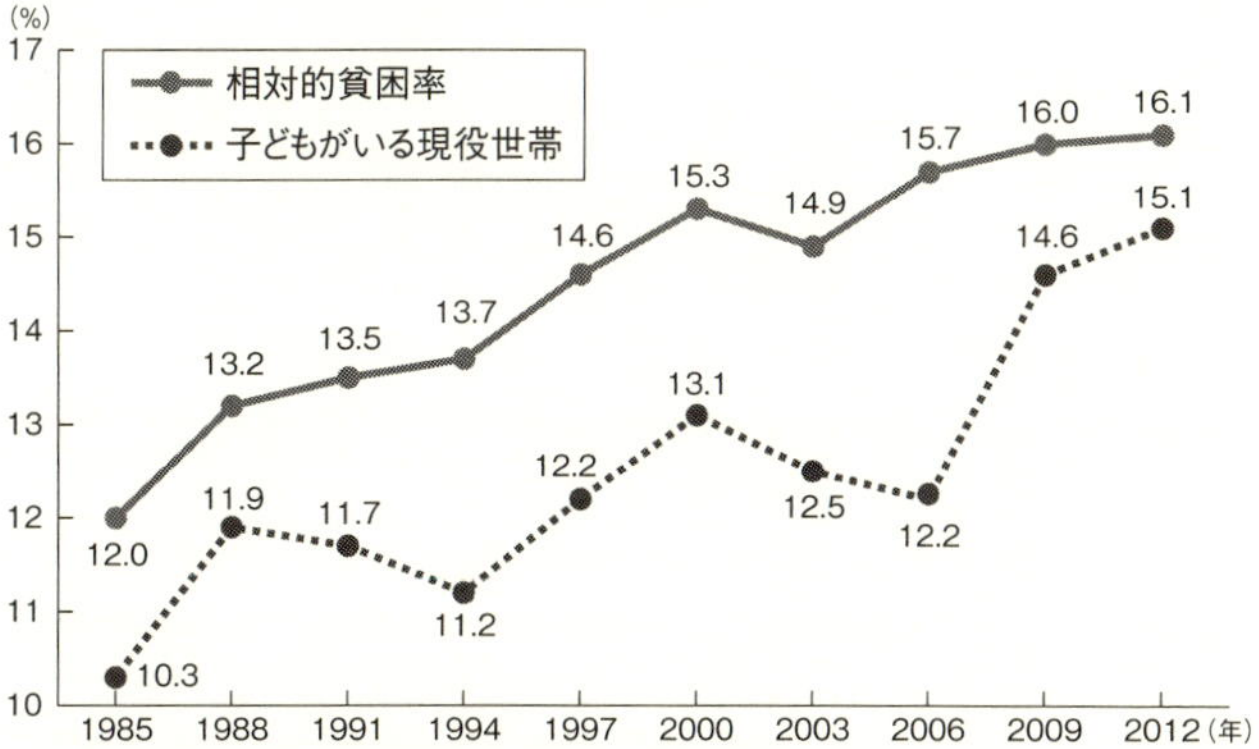

(注)子どもは17歳以下の者、現役世帯は世帯主が18〜65歳未満の世帯
出典:厚生労働省「2013年国民生活基礎調査の概況」

は、支援されるべき貧困を「絶対的貧困」と考え、「貧しい者は貧しくしていろ」という懲罰的態度を無自覚に持っている。この傲慢さは、貧者を「劣った者」と見なし、隔離した16世紀以降の英国の貧者隔離思想、労役場への強制収容すら思い起こさせてしまう。説明を挟めば、昔の英国社会では「貧困になる人が罪」であり、「アリとキリギリス」のキリギリスのように、怠惰で努力する意思もないから陥ったと見なされた。つまりは自己責任であり、怠け者は鞭で打ってでも働かせるべきだと考えられ、懲役にも近い形で収容所に送り込まれていたのである。貧困バッシングは現代の鞭であり、ふるう人の顔が見えないだけに、16世紀以降の英国より根は深い。

図表1-3 小学生・中学生に対する就学援助の状況

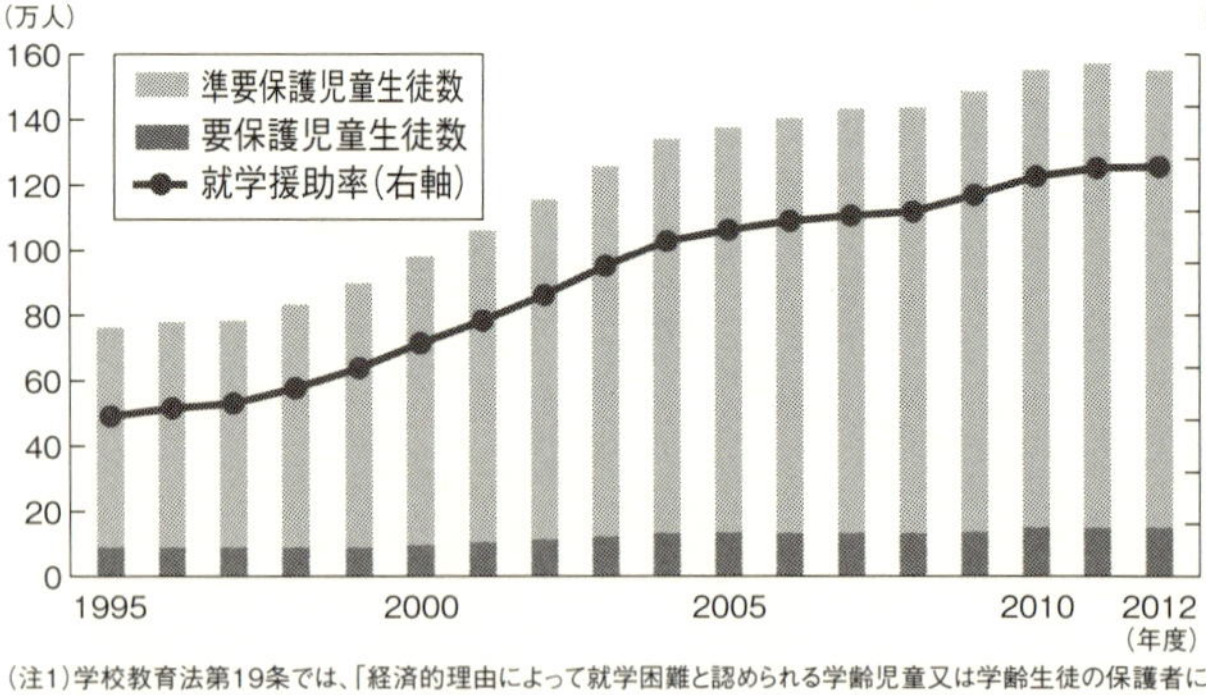

(注1)学校教育法第19条では、「経済的理由によって就学困難と認められる学齢児童又は学齢生徒の保護者に対しては、市町村は、必要な援助を与えなければならない。」とされており、生活保護法第6条第2項に規定する要保護者とそれに準ずる程度に困窮していると市町村教育委員会が認めた者(準要保護者)に対し、就学援助が行われている。
(注2)ここでいう就学援助率とは、公立小中学校児童生徒の総数に占める就学援助受給者(要保護児童生徒数と準要保護児童生徒数の合計)の割合。
出典:内閣府「2015年版 子ども・若者白書(全体版)」

憲法第25条は、相対的貧困の考え方を先取りする形で、「すべて国民は、健康で文化的な最低限度の生活を営む権利を有する」と謳《うた》っている。にもかかわらず、日本では2012年の生活保護バッシングでも同じことが起きていた。

日本は何も変わっていない。

先のイベントの主催者、神奈川県子ども家庭課の小島厚課長は、BuzzFeed Newsの取材にこう語っている。

「子どもたちはスマートフォンだって持っているし、着るものもある。食べられなくて飢餓状態にあるわけではない。それでも修学旅行に行けなかったり、大学に行けなかったりして、将来をあきらめている。そうした見えにくい貧困の現状を訴えるためのイベントだった」

貧困バッシングの何がいけないのか

少女と母親の2人暮らしが食事や衣服に困るような絶対的貧困でなくても、経済リソースが十分でない「相対的貧困」状態であるなら、けがや病気、勤務先の倒産・離職などの事態で、たちまち困窮に陥る。だからこそ、見えにくい「相対的貧困」の発見に力を入れる必要がある。

芸能人の母親が生活保護を受けていたことに端を発した２０１２年の生活保護バッシングで、私たちソーシャルワーカーが反省したのは、社会保障や生活保護がなぜ大切かをきちんと伝えられなかったことだ。その結果、極端な言説を振り回す人たちを生んでしまった。たとえば、私たちのＮＰＯ法人ほっとプラスには、貧困支援への意見が数多く届くが、ある20代の男性はこんな批判の手紙を送ってきた。

「貧しい人は努力をしないでそうなったのだから、私たちの税金で救済することに賛成できません。それは社会的に許し難いことです。適者生存、みんなが努力する社会の中で、貧困者は適者ではありません。努力しないで貧しくなったのだから仕方がないと思います」

こんなに一生懸命働いて、税金を納めているのに、その税金が怠け者に使われるのは許せない、という意識だろう。貧しい人がいるため自分が損をしている、必要以上の税金を取られているという被害感情が文面からにじみ出ていた。

けれど、書いた本人もまた、病気になったり、働けなくなったり、貧しくなったりする可能性はあるはずだ。そのときに助け合う仕組みが社会保障という相互扶助である。

さらに言えば、貧困者を責めても自分の税金は浮かない。今のような「生産性の低い者はつつましく暮らしていけ」という言説が広まると、生活保護受給者などが「２級市民」というレッテルを貼られてしまう。２級市民が映画に行くなんて、絵の道具を買うなんて。些細な差別がまかり通り、いじめ、不登校、ドラッグ、売春、家庭内暴力、育児放棄（ネグレクト）といった社会的排除につながっていく。反社会の吹きだまりから犯罪が出ないよう、監視社会になり、住まいも分けられる。たとえば、ジョージ・オーウェルが『１９８４年』で描いたような、恐ろしいディストピアがこの21世紀に誕生するのではないだろうか。

分断された社会は人の流れがなくなり、持続可能性も希望もない。コストもかかる。誰もが２級市民と言われたくないので、少しぐ

貧困バッシングへの抗議デモに参加する人たち＝東京都新宿区で（2016年8月27日 撮影・宮間俊樹）

らい貧しくても我慢し、体調が悪くても無理をして働き、低賃金を受け入れるしかなくなる。

貧困バッシングが行きつく社会は、そのような社会だ。叩いても誰も得をしない、そのことを知ってほしい。そして、自分がそうなったときに自分を助けてくれる制度を求めたい。目先の採算では計り知れない社会的利益を想像してほしい。

生活保護を申請したある20代男性は、窓口の担当者に「とりあえず保護をもらって、暮らしを立て直してください。早く働けるようになるといいですね」と励まされ、泣きながらこう言った。

「そんな優しいことを言ってもらったの、初めてです」

〈事例1〉「卒業くらい、してやってもいいかな」ピアスに金髪少年のやさぐれ

「あなたにとってこの男性はどういう人なの?」

「……ツレ」

「ツレってのは彼氏って意味?」

5分でも10分でも黙っている。怒るでもなく、表情はない。

「一緒に住んでいるんだね。生活費はもらっている?」

「弁当分け合って食う」

自己表現は難しい。

こちらから言葉を引き出さないと、伝えたいことがわからない。言葉が出てきても、どんなつもりでその言葉を使っているのか、想像しなければ解釈できない。申し訳ないけれども、3歳くらいの幼児を連想してしまう。何をしたいか言葉で伝えられないから、泣くか、怒ってスプーンを投げるしかない。そんな少年や少女からのSOSもある。

女の子の場合はむっつり黙っているだけのことが多いが、男の子では、本当に癇癪《かんしゃく》を起こして椅子を蹴飛ばしたりする。10代にもなっていれば、暴力事件に発展する。家庭内暴力に困りはてた親御さんや、担任の先生から連絡を受け、家族を守るために措置入院の手続きを取ることもある。

こうした家庭で、ほっとプラスに連絡をもらえるような場合は、たいてい貧困が背景にある。

＊＊＊

定時制高校が、昼間働く勤労学生のためではなく、学力の低い子の最後の受け皿、セーフティネットになって久しい。余裕のある家の子なら、たとえ勉強についていけなくとも、家庭教師をつけたり、塾に通わせたりできる。親も勉強を見てあげられるだろう。けれども、親が非正規で働いていたり、養育費をもらえないシングルマザーの家庭だったりすると、公立の定時制か、底辺校を選択肢にせざるをえない事例が多い。首都圏の学校なら、まだスクールソーシャルワーカーがいて、相談の連絡をもらえることがある。地方だと経済的な困難や家庭の複雑な事情から、そのまま退学になってしまい、卒業時に残っている子のほうが少ない場合すらある。

さいたま市内の定時制高校に通う和田大君（仮名・17歳）のケース。金髪にピアスで、見るからに自分探しの途上だった。こうした子は、見た目でわかるため、似た者同士でグループを組んでコミュニティを作り、人とのかかわりを学ぶ。だが、和田君は、人の気持ちが読めず、自分のこだわりが非常に激しく、すぐ友人や知り合いに暴力をふるった。それでも友達はほしい。人気のゲームやマンガを万引きすると、人が寄ってくる。小学生のころから最近まで、万引きをコミュニケーションの手段にしていることに、さすがに担任の先生が気づき、ほっとプラスに連絡があった。私たちは、こうした生徒に対し、「すぐ退学にしないでほしい。学校の先生が最後の砦なのだから、踏みとどまって連絡をください」と説いている。そうして、先生と、生徒と、お母さん、そしてスクールソーシャルワーカーとともにどんな支援ができるか模索していく。たとえば、和田君の場合は、医療機関の診断を受け、発達障害ということがわかった。

発達障害の子に関しては、子どものころに専門的な療育を受けて、人とのかかわりを学ぶ方法もあるが、それも、親が気づいて受診させなければ、そのまま大きくなってしまう。お母さんは、平日は事務、週末は別の派遣の仕事をしており、生活だけで精一杯で、子どもの様子がおかしいと思いながらも向き合う余裕がなかったそうだ。

家に帰って誰もいなくとも、お母さんがいないのは自分のためにがんばっているからだと思える子と、たださびしくて、やさぐれてしまう子がいる。遅ればせながら、診断にかかわった精神科の医師、スクールソーシャルワーカー、そしてほっとプラスのスタッフ等は、家にいなかった母親の代わりにもなったのかもしれない。少しずつ落ち着き、4カ月経ったころ、

「高校、卒業くらい、してやってもいいかな」

とつぶやいた。

彼の定時制高校は、卒業までに4年かかる。単位を落とせばもっとかかる。4年でも5

年でも踏ん張って、高校だけは卒業してほしいと願った。読み書きそろばん、そして人とのかかわりを学ぶことは、最低限の生きる力だと思うからだ。

毎日は出席できていないが、徐々に、様子見のように高校に通うようになった。

「俺なんてどうでもいい。あと、死ぬしかないすね」

先生にそんな悪態をつくが、それも可愛らしい試し行動である。母親の代わりに甘えたり、どこまで許してもらえるか、飼い猫のように「お試し」したりしている。

「おうちで和田君に向き合う時間を増やすために、仕事を減らしてみたらいかがですか」

生活費のうち、足りない分は生活保護を受給できる。しかし、お母さんは「今辞めたら、もう事務の仕事には就けないから」と、辞めようとしない。仕事がなくなることが不安すぎて、辞められないのだ。

生活保護は、生活扶助、住宅扶助、医療扶助、教育扶助、介護扶助、葬祭扶助、生業扶助、出産扶助という8つの扶助をセットで提供し、現金と現物支給を行う「救貧制度」である（第5章で詳述する）。要するに、相当困窮しなければ受給できないようなシステムになってしまっている。そこまで行くと、一から出直すこともできにくい。学校についていけない子の補習塾の分だけ、携帯などの通信費だけ、米代だけ、家賃だけ、といった分解しての支給ができれば、どれほど生活保護が使いやすくなるだろうか。どれほど貧困に苦しむ家庭が救われるだろうか、と思う。

本来なら、そうしたシステムの改善を目指してほしいのに、生活保護受給者を支援する神奈川県小田原市生活支援課では、職員たちが「保護なめんな」などとプリントしたジャンパーを自費で制作。それを着て受給者宅を訪ねていたことがわかった。

和田君のことに話を戻せば、発達障害があるため、高校を卒業して読み書きそろばんを習得することはもちろん、こだわりの強い性格を生かした専門職などに就くことも勧めたい。日本の場合、専門職でも、礼儀やコミュニケーションが必要である場合が多く、和田君はまずそこに引っかかってしまう。専門職であっても最低限のコミュニケーションはとれるよう、職場適応援助者（ジョブコーチ）による支援事業などを利用できるようにしていきたい。

〈事例2〉新人教育なしの営業斬り込み部隊で力尽きた大手不動産の24歳

2020年の東京五輪を前に、不動産市場が沸いている。そんな業界に、有名大学を出て新卒で入社できれば、まず万々歳――親世代なら、そう思うことだろう。

大手住宅メーカーの正社員、吉田聡司さん（仮名・24歳）は、有名大学を出てすぐ営業部に配属された。営業職部隊は１００人ほどいたが、励まし合うなどということはなく、上から数えて成績が悪ければ退職を勧奨されるという過酷さ。先輩たちはどんどん辞めていき、その分、若い吉田さんに建築やリフォームのノルマが加算されていく。２年目からは長時間労働もかさみ、吉田さんは体調を崩してしまった。

「前月より成績が悪い」

「能力がない、辞めろ」

上司に厳しく叱責されながらも、どうにか勤めていたものの、ある日突然、布団から起き上がれなくなる。実家は埼玉県、首都圏なので、親元に帰ればいい、という選択もありえた。ところが吉田さんがほっとプラスに電話をかけてきたのは、家賃を滞納し、所持金が底をついてにっちもさっちも行かなくなったから。実家に帰れないのは、「親にも休んでいることを責められたから」ということだった。

「がんばれ」と励まされてもがんばれない

この青年の親世代は50代以上、今の若者の状況をよく知らない。だから「せっかく入社できたのに」「なんでもっとがんばらないの」と責めてしまう。「俺たちは靴底を減らして営業して、100軒回って受注した。あのうれしさといったら」みたいなことを言ってしまう。

当然、子どもは実家にも戻れない。ブラックな会社でひどい扱いを受けたことを訴えても、耳を傾けてもらえない。

「がんばればみんなが豊かになった」時代は、人口が爆発的に増加していく1960年代半ばから30年くらいの間しか続かない。日本でも、夫の給料で妻子を養えた高度経済成長期は、せいぜい1990年代前半までだった。その記憶と成功体験が、親世代の心と体に刻み込まれている。今から見ればかなり特殊な時期だったはずなのに、美しく輝いた時代として「永遠」であるかのように記憶されている。

親世代に理解されないというのは、貧しさ以上につらいことだ。

この仕事をしていると、過去に政府がどんな政策をしてきたから「今」があり、今こんな政策をしているから10年後にどうなるか、見えてきてしまうところがある。親世代が現在を理解できないのは、若いころが美しく見えるという幻想グセ以外にも理由がある。

一つ、当時と今とでは経済政策が全く変わってしまっている。高度経済成長期は、経済成長で得た富を社会保障や設備投資に回し、雇用や個人消費を拡大させていく経済政策が好循環で機能していた。たくさんの公務員を抱えた「大きな政府」が社会保障、社会福祉に十分な予算を取っており、老人医療費の無料化や住宅手当を始め、さまざまな福祉を行っていた。だが、そうした恩恵の中で寿命が延び、高齢化率が伸びて、福祉対象者が増えていく。このままでは財政が維持できないと、英国ではサッチャー首相、アメリカではレーガン大統領、日本では中曽根康弘元首相の時代から社会福祉に足止めを始めたのだった。

　もはや日本では、たくさん働いてたくさん生み出した高度成長期の復活はありえな

図表1-4 年齢別に見た「不本意非正規」の状況

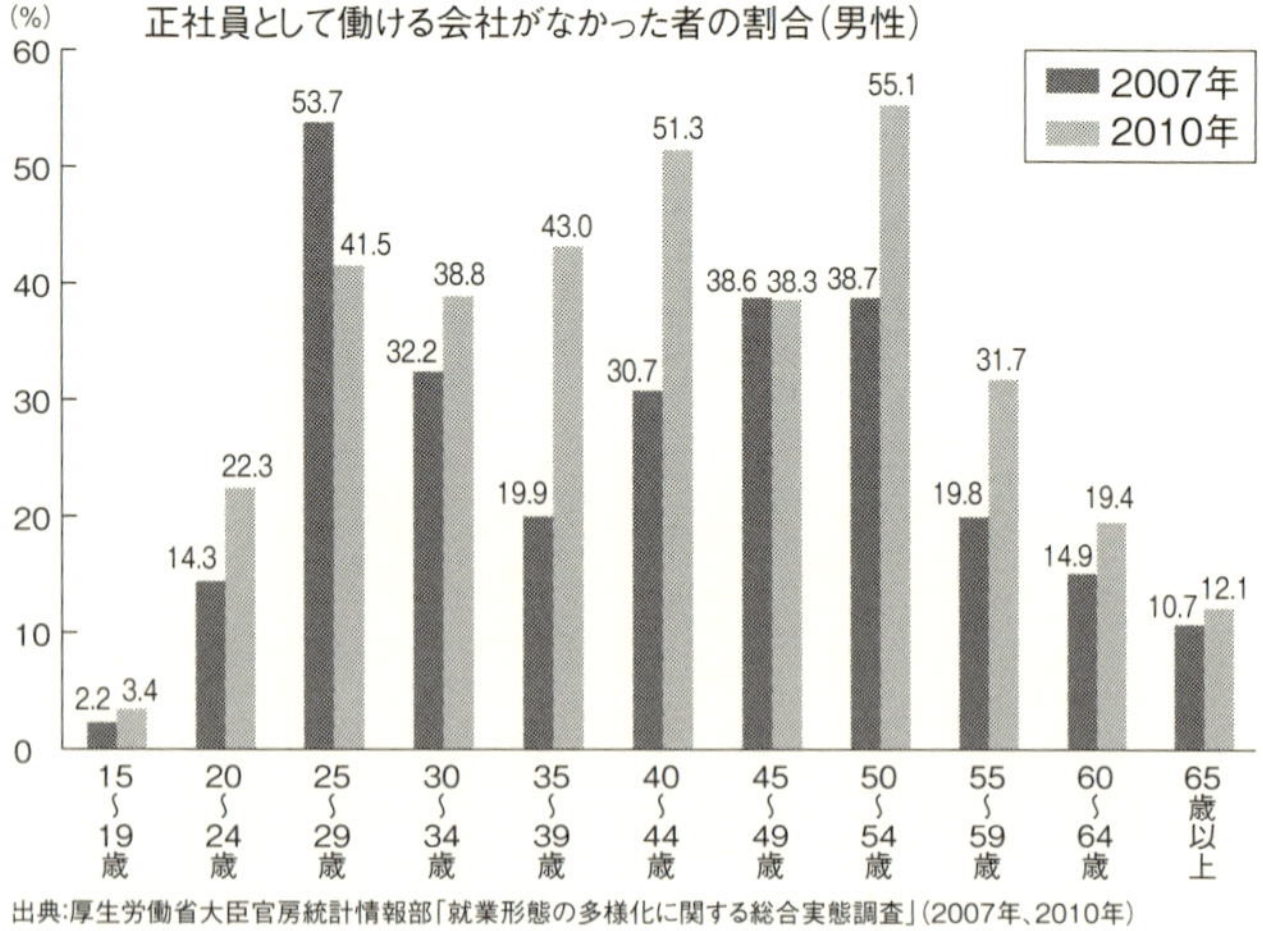

出典：厚生労働省大臣官房統計情報部「就業形態の多様化に関する総合実態調査」（2007年、2010年）

い。少子高齢化に転じた1990年代半ばから企業は海外に出て行っており、小泉純一郎元首相は「構造改革」を提唱して公務員の数を減らし、郵政を民営化した。企業は非正規雇用を増やして人件費を抑え続ける。正社員を減らして1人当たりの仕事を増やしている吉田さんの会社は、その典型に過ぎない。

国税庁が発表している「民間給与実態統計調査」によると、民間企業で働く人の平均年間給与は、1997年には史上最高の467万円だったが、2014年度は415万円、2015年度は420万円だ。つまり、1億総活躍時代を謳いながら、生活必需品がやっと買えるだけの市場規模な

図表1-5 結婚を希望する人が行政に望む取組みの1位は男女とも「安定した雇用」

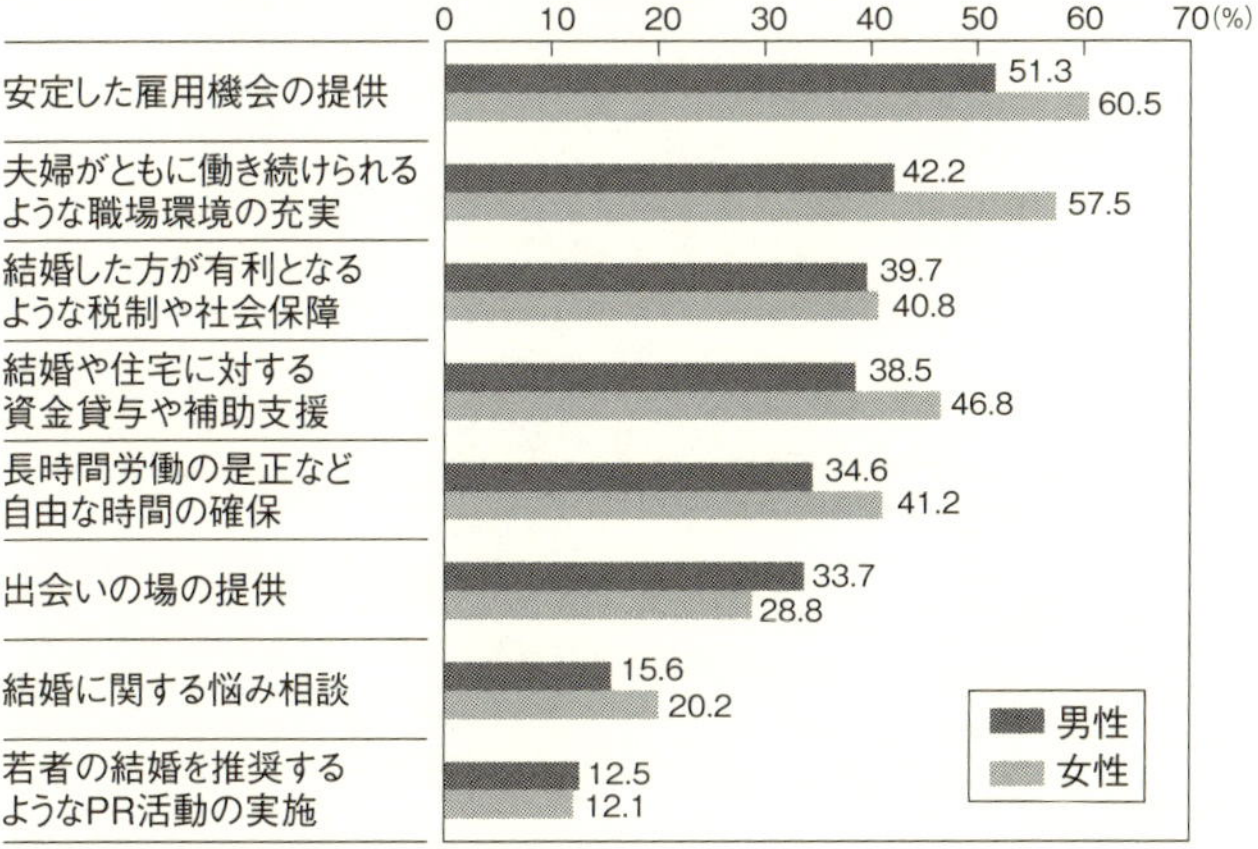

出典:2015年版厚生労働白書

のだ。若者はもう家も車も買いにくいだろう。あと何年経ったら給料が上がる、そうしたら……といった夢を持てないで、若者が消費するわけがない。私が教えているいくつかの大学の生徒は、私の本も含めて、テキストは買わず、図書館で借りている。生活必需品以外に消費する習慣をすでに持っていない場合も散見される。

社会保障の仕組みを変えないと、何も回らなくなるだろう。にもかかわらず、「最近の若者は内向きで草食で車も買わない、外に行って冒険しない」(麻生太郎元首相)と大人たちはつぶやく。

耐えられなかった自分を責める

吉田さんは「僕はがまんできなかったし、会社に貢献できなかった。耐えられなくて申し訳なかった」と自分を責め続けていた。

「いや、あなた全然悪くないですよ、先輩たちも続かなかったし、あなたも早く辞めたほうがいいですよ」

私は説得したが、吉田さんは「会社を辞めたら食べていけない」という恐怖にも苦しめられており、洗脳を解くのは大変だった。生活保護の受給を勧めても、「こんな若い僕が、生活保護をもらえるはずがない。本当に受給できるんですか。それに、もらったら申し訳ないじゃないないですか」と言って、信じてくれないのである。

私は吉田さんに付き添って役所へ申請に行った。そのときも「すみません、すみません」と、彼は誰にともなく謝り続けていた。

何もわかっていない職員「頼れる家族はいませんか?」

こうして生活に困窮してしまった若者たちの相談を受けて、私は年に何度も生活保護申請に同行してきた。NPO法人全体としては、年間500件を超える。申請に行くと、福祉事務所職員は異口同音にこう聞く。

「頼れる家族はいませんか?」

そんないい家族がいたら、誰もNPOや役所に相談しない。

日本という国の経済発展が縮小したのに従い、家族のスケールも縮小した。彼らはかつてのように若者を養えない。世帯年収は年々減少し、相互扶助機能は前例がないレベルまで弱まっている。第4章「老人の貧困」でも詳述するが、若者の親世代や祖父母世代は、自分たちの生活だけで精一杯なのだ。

貧困バッシングをする人は、「親はいないのか」「実家に帰れ」といったことを当たり前のように言う。これは、親が子どもの面倒を見て、子どもは老いた親の面倒を見るという「相互扶助制度」が機能していた前近代のイメージがあるからだと思う。20歳を超えた成人に対して、家族がどこまで面倒を見るべきなのかは、また改めて議論を進めるべきではないか。

諸外国では、成人した場合、血のつながりのある者同士でも、日本ほど扶養をすることはない。夫婦の間で、そして未成年の子どもに対して扶養義務があるくらいで、子の成人後は、政府や社会システムが生活を保障していく。家賃補助制度もあり、とにかく「生きやすくする」「働きやすくする環境を整える」ことに主眼が置かれている。

一方、日本では、若者向けハローワークなど、支援は一応あるが、いまだに「いかに働かせるか」に目が向けられている。家賃や教育費の高さ、日常生活における支出の多さは、それだけで若者から自由な暮らしを剥奪していると考えるべきだろう。

そうした負担は、社会ではなく、飽くまで親や本人が背負うというのが日本の考え方だ。たとえば貧困に耐えきれず30歳で罪を犯したとしても、「親は何していた」と責任転嫁が始まる。最後の最後まで「助けて」の声をあげられないのは、子のふがいなさが親への苦言につながるという遠慮があるかもしれない。吉田さんが謝り続けたのは、親に対してだっ

インなのではないか。

たかもしれない。

20歳を過ぎた成人を、家族から解放してもいいころではないか。そして、もし彼が「食えなく」なったら、それは親のせいではなく、社会保障のシステムを見直すべきというサインなのではないか。

「公務員バッシング」が市民を苦境に追い込む

２０１６年11月、政府は、大手広告代理店・電通の新入社員の過労自殺問題を受け、従業員に長時間労働をさせている企業の監督や取り締まりを強化する方針を決定した。併せて、労働基準監督署の専門職員である労働基準監督官を増員する方針を発表した。

労働法の番人である労働基準監督官は現在、全国321の労基署に3241人。つまり、労働者1万人当たりの監督官の数は0・53人で、ドイツの1・89人、英国の0・93人など欧州の先進国と比べても少ない。取り締まりを強化しようにも、公務員を縮小・人員整理しすぎたため、マンパワーが足りなくなっている。監督官に限らず、福祉事務所のケースワーカーや児童福祉司、保健師、教師なども現場に足りない。

「税金泥棒」と公務員バッシングをするのは、往々にして、公務の恩恵を受けてよいはずの市民側になっている。市民が政治家やメディアによる「税金の無駄の排除」という言説に扇動されてしまい、自分たちの公共サービスを削減しているのである。市民が自身の生活に深い関係がある公務員労働者を減らし、より厳しい状態に追い込んでいるのだと自覚しなければならないだろう。

数が増えればよいわけでもないが、現在の公務員労働者の数は、すでに異常なほど少ないことを知ってほしい。

史上初のブラックバイト訴訟。バイトの大学生は店長に包丁で脅された

2016年9月、千葉地裁で全国初の「ブラックバイト民事訴訟」が発生した。報道によると、被告は大手飲食店「しゃぶしゃぶ温野菜」のフランチャイズ運営会社。アルバイトだった原告の男子大学生が1日12時間以上勤務、4カ月休みなしで働かされたうえ店長に首を絞められたり、腕を包丁で切りつけられたりして、日常の学生生活にまで甚大な影響を受けた事件である。

現代の労働環境の異常さと厳しさを象徴する裁判であり、私も少しかかわっているので、説明したい。

原告は大学1年だった2014年4月に同店舗でアルバイトを始め、初めは週4日、1日5時間程度の勤務だったが、しだいに閉店後の片づけまで任されるようになり、昼から夜中過ぎまでの約12時間、働くようになった。当時の女性店長は「辞めたら懲戒解雇にする。そうなったら就職できない」「店が潰れたら4000万円の損害賠償を請求する」と脅し、「新しい客の注文を取れなかった損害」として、自腹で約23万円を払わせたりし、首を絞めて脅すなどした。精神的・肉体的なダメージを受けた原告は大学にも通えなくなり、前期の単位をすべて落としてしまった。相談を受けたユニオンは即、団体交渉を申し入れ、その後、口頭弁論が開かれるが、運営会社側代理人は法廷でこう主張する。

「原告は勝手に店に来て、自発的に働いていただけ」

基幹労働をアルバイトに任せて利益を上げる会社

自発的だろうと強制的だろうと、開店業務やシフト編成などの基幹労働を、時給制のアルバイトに任せていること自体が問題である。おそらくは、時給でこき使うことで利益を上げようとしており、辞めようとすると「無責任だ、賠償だ」と責め立てて、辞めさせないようにする流れが常態化していた。辞められると仕事が回らなくなり、新たに人を採用するのに手間とコストがかかる。パワハラを超えてもはや強制労働であり、「懲戒解雇」といった脅し文句は店長の正気を疑うレベルだ。

本来、労働契約を結ぶとき、アルバイトだろうが社員だろうが、賃金や労働時間については書面を交わし、互いに納得する必要がある。しかし、近年、条件を無視して働かされ、辞めるに辞められず、大学の試験を受けられない、就職活動ができないと相談してくるケースが相次いでいる。

厚生労働省が2016年5月に公表した「高校生のアルバイトに関する意識調査」によると、対象者1854人のうち60%が、勤務先から労働条件通知書を渡されず、18%が労働条件を口頭でも具体的に説明された記憶がないと回答した。さらに32・6%が労働条件で何らかのトラブルがあったと回答している。中身はシフトに関するものが多く、賃金不払い、深夜業務や休日労働もあった。この傾向は大学生や専門学校生にも当てはまるはずだ。

報道によると、原告を脅した店長も、遅くまで、休みもなく働いていたという。ブラック企業の社員がバイト学生にブラック労働を押しつけていたという悲惨な構図である。

低下した労働市場のモラル

誤解を恐れずに言えば、大学1年生のときの初アルバイトほどうれしいものはない。今も、新入生たちはアルバイトに就けた喜びを私に語る。入学後ようやく落ち着いた5月ごろに働き始め、自分が社会の役に立つという実感、働いて賃金を得ることにより、大人になったという自立の感覚に浸る。私もそうだったのでよくわかる。役割を与えてくれた企業に対する感謝の念すらあった。

だが、今のアルバイトは社会勉強のレベルではない。ある中堅学習塾では、各教室の責任者に大学生をあてている。責任を与えながら実質賃金を下げようとし、当のアルバイトも、「認めてもらえてうれしい」とがんばって働く。気づいたときは辞めるに辞められなくなっている、まさに、若

最低賃金引き上げを求めるのぼり＝ＪＲ新宿駅東口で（撮影・戸嶋誠司）

者の承認欲求、あるいは「やりがい」につけ込んだブラックバイトになっているのだ。

うれしいと思っても、冷静になってほしい。労働条件を明記した労働契約書を書面でもらい、わからないことはインターネットで調べること。周囲の大人や専門家である法律家やNPOなどに聞いてみること。何の武器も持たず、身一つで乗り込むのは危険なほど、現代の労働市場はあやうい。


〈事例3〉「あなたのためよ」やりがい搾取で学校に行けなくなった専門学校生

専門学校夜間コースでパティシエの技術を学ぶ花岡恵美さん（仮名・19歳）は、勉強も兼ねて都内のケーキ店でアルバイトをしていた。朝6時に出勤して仕込みをし、店が開くと午後3時まで販売に立つ。それから家に戻り、午後6時からの授業に出ていた。しかし、よく働く花岡さんを「見込んで」店は夜9時以降の閉店作業や、勤務表作りまで任せるようになる。花岡さんは、「責任を持たせてくれているのだから、それに応えようという気持ちだった」と言う。

しかし、とうとう出席日数が足りなくなって単位を落としかける。このままでは卒業できないと店長に相談したところ、とんでもない答えが返ってきた。

「せっかく責任を持たせてやっているのに、学校とアルバイトのどちらが大事だと思っているの？　社会人としてこれから生活していくなら、仕事優先でしょう。あなたのためよ」

やりがいと責任を持たせ、厳しく指導し、時々優しい言葉をかけるのは典型的な**「やりがい搾取」**だ。私は、これまで相談を受けてきたDV夫のやり口とも似ていると思う。授業料や家計の助けとするためにアルバイトをする彼らは、反論も抗議もしない。そして、将来が不安で居場所もないため、認められることを喜ぶ。そこにつけ込む大人がいるのだ。

〈事例4〉タイムカードを押せなくなった25歳調理師。職場は鍵のない監獄

ブラックバイトで追い詰めていく社員を責めることはできない事情もある。特に人手不足が常態化している外食産業で顕著だ。

埼玉県内の調理師、神田徹さん（仮名・25歳）は、高校を卒業して以来、JR大宮駅近くの小さな飲食店チェーンでずっと働いている。早朝から仕入れや仕込みに入り、深夜の閉店作業まで。シフトに従い和食、中華、居酒屋の3店舗を行ったり来たりする。アルバイトが休むたび、自身がシフトの穴を埋めていた。タイムカードはあったが、「なぜか自分では押せなかった」と言う。ところが2014年暮れのある朝、突然起きられなくなり、

無断欠勤してしまう。長時間労働やストレスによる心身の疲れが原因だった。

「もう仕事続けられないんです、辞めたいんです、辞めるしかないんです、もう無理です」

――その繰り返しだった。

相談電話をかけてくる人の多くは、その時点で仕事を辞めると決めているか、辞めたいと思っている。そこまで思い詰めていて、そのうえ、さらに「辞めるしかないけど、辞めた後どうしよう」と強い不安を感じている。だから、私たちは「辞め方の提案」「辞めた後の未来」を話して、洗脳を解くことから始める。

「辞めたら人間のクズ」

「辞めたら食べていけない（ホームレス）」

「辞めたら社会の敗残者」

「辞めたら負け犬（一生）」

……こうした脅し文句で悪条件のもと働かせるのは、密室に閉じ込めて洗脳していく怪しげな宗教行為と、何ら変わらないと思う。タイムカードが「なぜか」押せなくなった、というところに注目してほしい。ドアが開いていても出られない監禁下の心理状態と同じではないか。

「機械の歯車」では「やりがい神話」も通じない

それでも、「夢があれば残業代なしでもがんばれるはず」「就職して3年は死ぬ気でやれ」と主張してやまない大人たちへ。

確かに、「パティシエになって店を持つ」という夢があれば、人によっては夜遅くまでがんばれるかもしれない。だが、必死に努力しても、報われない社会が到来している。

パティシエを目指してケーキのデザインを考えられる「特権階級」は、ごくわずかである。おおかたの労働者は、こんな仕事に就いている。

工場で1日8時間、ベルトコンベヤーで次から次へと運ばれてくる「いちごショート」。ベースに異常がないかを見定め、淡々といちごを載せ、一つ流してはまたいちごを載せる——誰にでもできる機械的作業であるため、低賃金で非正規雇用のアルバイト要員が交替で従事する。熟練を要しない単純労働で、その仕事内容が本人の成長や技術獲得、将来の生活の安定にどのように寄与するだろうか。どれだけ努力をし続けても時給は最低賃金で、その作業が毎日繰り返される。

そこにどのような展望を見いだせばよいのか。ワーキングプア状態からどのように抜け出せばいいのか。「一日一日を懸命に生きれば、未来が開かれてくる」と、本気でその労働者に向かって言い切れるだろうか。はなはだ疑問である。

熟練を要しない単純労働に従事している非正規雇用の労働者は、容易に仕事を辞めていく。将来のビジョンが見えないし、生活が安定しない、なおかつ自分以外の誰もができる仕事であるため、職業への愛着・帰属意識が育まれない。

また、お客様第一主義のあまり、モンスター化した消費者の対応に追われる場合もある。6、7人以上の乗客に取り囲まれた26歳の車掌が、高架から7メートル下の駅敷地に自ら飛び降りた事件もあった。重傷を負った駅員にはさすがに擁護の声があがったようだが、ここまで体を張らないと「お客様」に納得してもらえないということか。

いずれにしろ、働いて報われる仕事だとも思えないし、自分の能力を高めていくこともできない労働が実際にある。

拙著『貧困世代　社会の監獄に閉じ込められた若者たち』（講談社新書　２０１６年）でも指摘したが、ある大企業の経営者は、「本当の成功を収め、偉大な成果を生むには、まず自分の仕事にほれ込むことです」と述べている。おそらく、仕事にほれ込んで高度経済成長期を支えた方だろう。だが１９６０年代、企業は必死の努力を今ほど彼に求めたか。まずは入社してもらい、その後に定着できるように研修体制を整えていったのではないか。

「脅す」のではなく、若者たちを大切にして、福利厚生も整え、家族形成を助けたはずである。実際に多くの企業は社宅や家族手当を支給し、研修体制も独自に築いていた。

ほれ込める仕事とは、生活費が稼げるというだけではなくて、大切にされて、やりがいの感じられる環境であり、自分の個性を多少なりとも発揮できる仕事のはずだ。それによって、自尊感情や社会から認められたという意識も育まれ、徐々に自信や社会人としての自負を深めていく。

そのような仕事は、今、労働市場にどれほど残されているだろうか。労働者一人ひとりの価値が低下し、イス取りゲームになっているにもかかわらず、ブラック企業と指摘される会社を中心に、経営者たちは労働者へ過度な努力を要求する。挫折した者は離職していき、過酷なイス取りゲームということを気づかせないよう、就職時には何かしらの「夢」が語られる。だからこそ、離職や転職した際の挫折感も大きい。

「自分はダメな人間なんだ」

若者たちへの洗脳は、今のところ、非常に上手く行われていると言わざるをえない。

提言 1

家賃補助など、生活のしづらさを軽減する支援を！

「やはり年金は支払わなければダメでしょうか」

「国民年金の負担が重く、支払うと生活費が足りなくなる」

国民年金保険料は物価の変動に応じて毎年上がり続けている。2004年度は1万3300円、2015年度は1万5590円である。2016年度には1万6260円になった。

労働者の4割が非正規という中、夫婦ともアルバイトで働き、自分で国民年金を払い、子どもが育ち盛りという家庭からの相談が増えている。非正規雇用は正社員と比べて賃金が低いうえ、ボーナスも出ないことが多い。福利厚生や各種手当も支給されない。毎月の保険料が重くのしかかる。

日本年金機構によれば、40年間国民年金保険料を支払い続けたとしても、満額で月額6万5000円を割り込んでいる。首都圏では、アパートの家賃すら払えない。そもそも暮らせない水準で国民年金は設計されているのだ。

一方、首都圏の生活保護基準は、地域差もあるが、単身なら住宅扶助費が5万3000円程度（住宅扶助上限）、生活扶助費が8万円程度である。合計13万円程度が1カ月の最低限生活費と政府は試算している。

生活保護基準のほうが国民年金より高いことはよく知られている。また、各種税金が免除され、医療費や介護費などのサービスも現物支給される生活保護は、現物支給分も加算すると、厚生年金の平均受給金額よりも多くなる場合もある。

だから、単純に考えれば、年金を40年間支払うよりも生活保護に移行したほうがよいことになる。

あるいは年金保険料を払えるだけ払い、年金受給後に、最低生活費に満たない分は生活保護を併給したほうが生活はしやすい。「働いて、年金も払っているのに、何もしない生活保護受給者がそれよりもらっているのは許せない」という不満がこの世代から噴き出していくのも納得がいく。

なぜ国民年金はこんなに支給基準が低いのか。年金は社会保険制度であり、貧しくないときに貧困に至ることを防ぐための保険料を支払っておく、貧困予防の制度だ。

一方、生活保護制度はすでに貧困に至った人を対象としている。後者のほうが高いのは、「国民年金」と「生活保護制度」の本質的な性格の違いから来るジレンマだ。それぞれの役割を考慮しないまま、金額だけを比較して、高い低いと議論はできない。ましてや年金と比べて高いから生活保護費を下げるべきだという議論も、それが救済措置である限り、論外である。

今は国民年金保険料が払えなくても将来は払える見込みがあるというのなら、申請して、免除や猶予、追納措置を利用してほしいとは思う。だが、現在20代、30代で非正規雇用ならば、その後も非正規であり続ける可能性がある。となれば、国民年金保険料の負担がいつかなくなる日も来ないわけだ。

払うと生活が苦しいということであれば、防貧制度も何も関係ない。当然、免除申請などを行い、今の生活の維持や子育て、結婚資金などに保険料は転用して、人間らしい生活を実現していくのがよいだろう。

保険料は、2017年度から上がらなくなる。支払う分には楽だが、すなわち、受給額が減るということだ。30年後、今の現役世代がもらえる受給額は、今よりさらに目減りしているはずだ。

現在の生活保護受給者も多くは高齢者であり、全受給者の約半数を占める。これは長年にわたり、年金の支給水準を上げられなかったり、最低保障年金を導入できなかったりした、政府の失政の現れである。

もしも政府の失策が今のままだったら、年金の支払いをあきらめた人々は、老後は遠慮することなく生活保護を活用することになる。今のうちから、生活保護制度に関する知識や情報を得ておく必要があるだろう。そして、生活保護制度の基準が下がらないように見守っていく必要も出てくるだろう。

ほっとプラスに来る相談を見る限り、若い人は正社員でも労働問題を抱えている。5年、10年で転職を繰り返す人、身分は正社員だが長時間酷使されているだけの人——。私たちは、ケースにより、労災補償などを案内するが、それとて、再び働いてもらうための制度である。若者を休ませ、再起させる制度は極めて弱い。ニート・引きこもり対策などの目的もおおむね、就労に向けた準備や支援である。つまり、「もっと」働かせようとしているだけなのだ。職業訓練のメニューを見ても、魅力や実効性に欠ける。たとえば介護士の資格は職業訓練の常連メニューだが、第3章でも詳述するように、一生使えるキャリアになっていると言い難い。

何よりも、家賃を補助する、奨学金の返済をゆるやかにする（免除する）など、若者の生活のしにくさを軽減することはほとんど顧みられていない。転職するにしても、交通費を優先するか食費を節約するか迷うような毎日では、じっくり探すこともできないだろう。失業しても再就職が容易ではなく、職業訓練内容も脆弱だから、産業間の労働者の移動も起きにくい。再就職のために都会に出てくるとして、彼らはどこに泊まるのだろう。ネットカフェでほとんど寝ずに朝を迎えて面接に行く。

これが要介護高齢者であれば、都市部なら、ヘルパー、デイサービス、デイケア、ショートステイ、緊急通報システム、訪問看護、特別養護老人ホーム、有料老人ホームなど、各地域で

図表1-6 日本の未来は明るいか

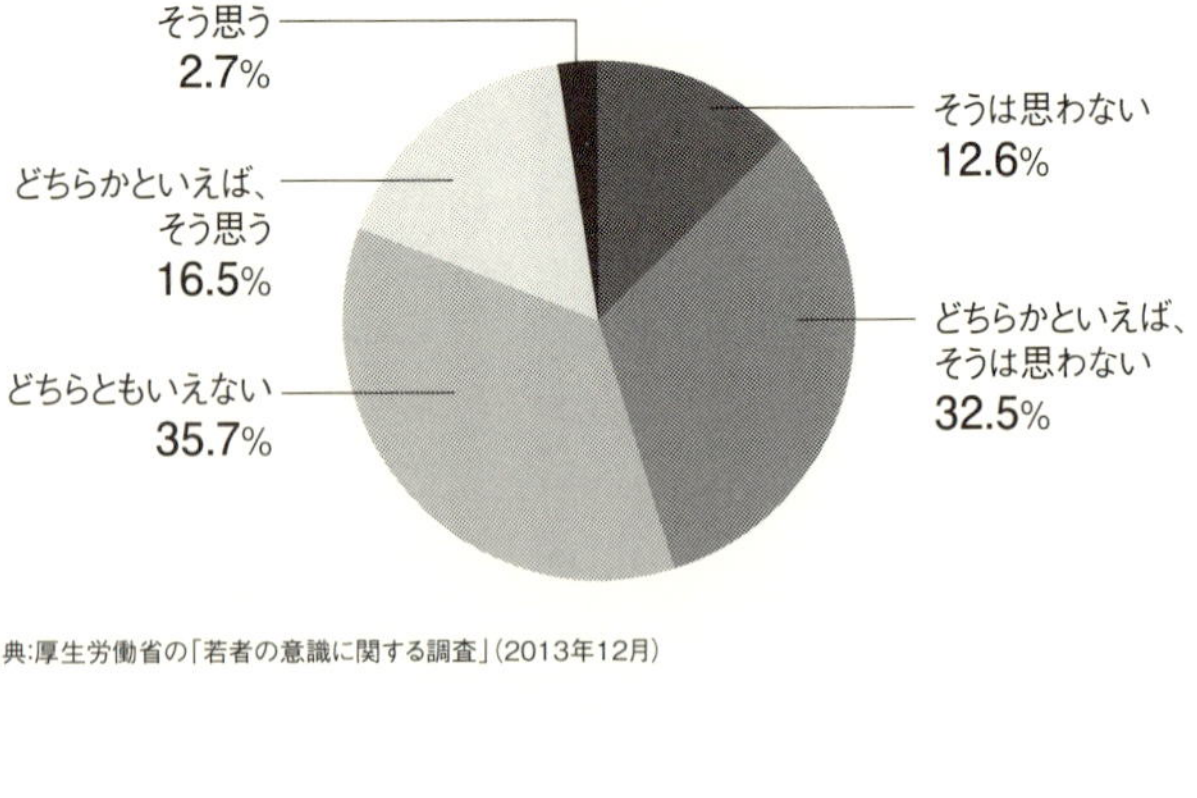

出典:厚生労働省の「若者の意識に関する調査」(2013年12月)

機能しているか否かは別として、社会資源は豊富にある。これらと比較しても、若者支援のメニューは専門家でも思いつかないほど未整備である。困った際に助けてくれる機関や利用できる資源が少なく、若者は簡単に困ることができないでいる。

最近はやっと、就活シェアハウスが誕生した。こうした支援施策が必要なことは言うまでもないが、なお重要なことは、最低限の暮らしが保障される「給付」ではないか。非正規雇用であれ、どのような働き方であれ、所得再分配を強化して給付することで、生活は開ける。家賃補助制度や教育費の補助といった給付なき支援は、設けても、肝心の若者がほしくない支援になってしまう可能性が高い。若者が去れば、日本の豊かな地域文化を維持継承する人はいなくなってしまう。このままゆるやかに経済を維持していくのか、低成長か、マイナス成長を続けるか、後進国に戻ってしまうのか。経済成長と日本の復興は、若者への支援が鍵を握っている。

第2章

中年の貧困

本章では、30代後半から50代という、中年の貧困クライシスを扱う。家計の担い手である彼らは、住宅ローンや子どもの進学、親の介護といった重責を抱え、会社でも主役となる年代だ。うつや生活習慣病といった健康被害とも背中合わせであるが、働き盛りで辞めることは難しい。中年の健康格差は日本の時限爆弾という声もあがっている。

そしてまた、第2の時限爆弾もこの世代から爆発する。失われた20年を経て雇用は徹底破壊され、本来なら働き盛りの1000万人が派遣などの非正規で働く。さらに、働きもしなければ消費もほとんどしない、家の中で暮らす引きこもりの人々もいる。確かなデータは取れないが、100万人単位で存在しているとさえ言われている。健康VS不健康、正規VS非正規、老親VSパラサイトシングルの対立構造が生まれており、互いに社会保障を食い合う。対立構造の中心を見つめていくと、この世代が浮かび上がる。

健康ポリスが魔女狩りする。人工透析患者は〝自己責任〟

2016年9月、フリーアナウンサーの長谷川豊氏が公式ブログ「本気論　本音論」で、人工透析患者にまつわる記事を公開した。主張の骨子は以下のようなものである。

〈人工透析患者の大多数は暴飲暴食をし、運動もせず、医師の注意も無視して糖尿病になり、その結果人工透析を受けるようになった。1人当たりの費用は年間500万円にもなる。そのような自業自得の患者の人工透析費用は、全額実費負担にせよ！〉

人工透析患者は、夏の間遊び回っていた「バカなキリギリス」である。自堕落なキリギリスが、必死に働くアリの貯蔵庫（健康保険システム）から食料を奪いまくっている。アリさんたちは子どもすら作れなくなっている。だから、保険と年金のシステムを1秒でも早く解体すべきだ、という不可解な主張をしたのである。

拡散したのは、見出しが扇情的で文章が荒々しかったこともあるようだ。転載先のニュースサイト「ＢＬＯＧＯＳ」までが批判を受け、「不適切な表現が含まれている」として記事を削除し、謝罪することになった。ところが9月23日には、腎臓病患者約8万人で作る全国腎臓病協議会が、「透析患者に対する偏見や排除を助長する」と抗議する。発言の撤回と謝罪を求めたため、大炎上が始まった。

長谷川氏は「謝らない」と反論し、担当していた番組の降板が決まる。降板の理由について、テレビ大阪は、「報道番組のキャスターとして不適切な発信を行ったため」と発表した。

改めて長谷川氏のブログを読んだが、思い込みや勘違い、混同、伝聞、他人のブログからのコピペがふんだんに盛り込まれ、とても医療や社会保障システムを論ずるレベルの文章ではない。透析患者を「だらしない人間」「自堕落」と決めつけ、「私たちのお金を彼らの治療にあてるのは許せない」と拳を振り上げてみせる、単純な扇動に終始している。

健康格差は日本の時限爆弾

折しもＮＨＫで「健康格差　あなたに忍び寄る危機」（２０１６年９月19日放映）という緊急番組が組まれることになり、私は、医師など栄養学の先生方に交じってゲスト出演することになった。21世紀に入ってから、研究者の間では「健康格差」の拡大が注目されている。それまでは、たとえば、寒い地方は塩分を多く取るので高血圧になりやすいといった地域差が主だった。近年では、非正規雇用は正規に比べて糖尿病合併症のリスクが１・５倍高く、教育年数が短い低所得の高齢者ほど、要介護リスクも大きいことがわかってきている。経済力によって、病気のリスクや寿命に格差が生じてしまうのだ。

番組中では、「健康格差は日本の時限爆弾」という言葉も取り上げた。健康格差を解消すれば、10年で5兆円の医療費を縮小できるという試算もあったからだ。爆弾が爆発するかしないかは、どこが分かれ目なのか？

番組は討論会の形式を取ったが、視聴者からのツイッターも募ったところ、「健康管理は本人の問題で自己責任」という意見が回答の半数弱を占めた。税金は「本当に困っている人に投入するべきで、自堕落な生活をした人を助けるなんてもったいない」といった考え方である。先に紹介した長谷川氏のブログに、「本コラムは記事内にもありますように『先天的な遺伝的理由』で人工透析をしている患者さんを罵倒するものでは全くありません。誤解無きようにお願い申し上げます」という断り書きがあったこととも共通するものがある。「『先天的な遺伝的理由』で人工透析をしている患者さん」は「自業自得」ではないので、その人たちは別、という線引きだ。自業自得で不健康になった人は放りだしてよいという、これまた「格差」「差別」である。

下手をすれば、「自分で責任を取れ」派と、「社会保障で支援を」派で意見が分かれ、自業自得で病気になった人は、先天性の人より「格落ち」という対立構造が生まれる。貧困バッシングや生活保護バッシング派と同じく、社会を分断するきっかけにもなりかねない。

おそらく、長谷川氏は確信犯ではないか。わかっているうえで、「自堕落な人への支援を切れ」とあえて過激に発言し、いい材料を提供したと思っているように感じる。確かに賛否両論を巻き起こすきっかけにはなったかもしれないが、過度な権利侵害を招く言葉で注目を集めるやり方はいただけない。賛成派と反対派が対立して終わりでは、肝心の問題から目が逸らされてしまうからである。

〈事例1〉野菜よりカロリーと満腹感を優先。38歳で糖尿病になった配送員

「安い外食ばっかり。朝はコーヒーとパン、昼は牛丼ですよ。睡眠時間優先だから、自炊なんか考えられない。とりあえず腹を満たす高カロリー食ばかりです」

大手宅配会社配送員の三宅正男さん（仮名）は、毎日を振り返ってため息をつく。朝から晩まで力仕事をし、休みの日はひたすら寝る。独身、38歳で糖尿病になった。体がだるく、食糧の買い出しも自炊の気力も湧かない。生鮮食品よりは、安く、おなかにたまるものを買おうとする。どうしてもカロリー優先になり、糖尿病が進行する。

空腹時にワンコインを持っていたとして、何を選ぶだろうか。同じ500円でも、牛丼屋でサラダや納豆を頼める層と、おにぎりやパンなどの炭水化物ばかり買ってしまう層がいる。何も考えないで腹を満たせる炭水化物に、ぎりぎりの生活者は向きやすい。ぎりぎ

りだからこそ、野菜や果物を上手く取り入れて健康を維持し、少しでも上向いていくべきではないか、と思うかもしれない。けれど、企業から「使い捨て」にされる労働者が、どうして自分で「自分の体を大切にしよう」と思えるだろうか。そもそも、「てっとり早く」おなかが満たせるのが炭水化物や油物であり、「てっとり早く」使い捨てにされてきた彼らは手に取る。従業員の健康や生活を大切にし、使い捨てにしない労働、人間らしい働き方が改めて望まれる。

貧困と生活習慣病は両刃の剣

「国民健康・栄養調査」を実施する厚生労働省によれば、200万円未満・200万円以上600万円未満・600万円以上と世帯所得別に生活習慣等を調べたところ、次のような結果が出た。

・所得が低い世帯は、高い世帯と比較して穀類（炭水化物）の摂取量が多く、野菜と肉類の摂取量が少ない。
・所得が低い世帯ほど、肥満が多い。

・所得が低い世帯ほど、健康診断の受診率が低い。
・所得が低い世帯ほど、喫煙者の割合が高い。
・所得が低い世帯ほど、歯が20本未満の人が多い。

つまり、所得が低いほど食生活や健康に費用や時間を割けず、栄養状態も不良で、その結果、健康を損なう確率が高いという相関関係だ。

所得、食生活、運動量、仕事の種類、体質など、健康に影響を与える変数は無数にある。さまざまな要因が複雑に絡み合って、健康はむしばまれる。そこに健康格差が重なれば、もはや自己責任とは言えない状況ではないか。

ある54歳の営業職男性は部下がいて、ノルマをこなし、年収600万円。責任感が強く、長時間労働が常態化している。妻と子どもが2人、深夜に帰宅し酒を飲み、空腹時はラーメンをかきこむ。30代半ばからそんな食生活を送っており、高脂血症だから改善しろと言われ続けている。いつ倒れるかも知れない。そのような働き方を求められても、家族を養うためどうしようもない。これは、自堕落なのだろうか。

「『本当に』困っている人だけ助けよう」は詭弁

「本当に困っている人だけ助けよう」とは、財源が乏しいとき配分をめぐって必ず見られる言説である。一見、もっともらしく聞こえるが、誰が「本当」を決めるのか。結局は、そう言っている人が自分で決めたいのだ。

ほっとプラスに寄せられる年間約500件の相談のうち、ブラック企業で働く若者はうつなどのメンタル疾患に悩み、中高年の多くは脳梗塞や心筋梗塞といった、循環器系疾患や生活習慣病を抱える。持病を抱えていない人がほとんどおらず、「自業自得以外で病気になった人」とそうでない人との線引きなど、独善的にしかできない。多様な変数と健康との関係を丁寧に分析し、どのような政策なら国民の健康を維持できるのか、さらには総医療費を抑制できるのかを、時限爆弾が爆発する前に議論する冷静さこそが必要だろう。

具体的には、全員に対策を施して底上げするのが最も現実的だと思う。特に不摂生な「誰か」に呼びかけても、その人自身に自覚やリテラシーが育つかどうかは一か八かになってしまうし、生活習慣予防のためのきれいなパンフレットを作りキャンペーンを張っても、パンフレットを手に取るのはもともと健康を気づかう人であり、彼らはより健康になり、そうでない人との差が開いていく。

番組でも紹介されていたが、健康寿命が都内で一番低かった東京都足立区では、職員が飲食店に赴き、野菜と肉が出る定食のオーダーでは野菜を先に出すよう頼んだ。野菜を先に食べることで、血糖値の上昇が抑えることができる。健康に詳しい人なら、「野菜を先に食べるなんて常識」かもしれないが、子どものころから栄養学に触れていないと、知らないまま大人になる。そこで、子どもたちにも食育を行った。また、健康診断に積極的に来られるよう、ナースのコスチュームを採用したところ、効果があったらしい。

高齢者の多い地域に、1回100円で健康体操ができるポイントを多く配置するという試みもある。100円ではインストラクターが呼べないが、もちろん、税金で補助されている。「本当に」困っている人を探すような不毛な選別ではなく、全員を対象にしていくこうした取り組みは、健康格差のみならず、閉塞した状況を開く突破口になるのではないか。近年のさまざまな取り組みで重要なのは、あえて対象者を選別しないという「普遍主義」の政策だ。

「クレヨンしんちゃん」は勝ち組。いまだにさめない「中流」の夢

長谷川氏の意見には、「よく言った」といった賛同コメントも多く寄せられていた。後に、

長谷川氏は謝罪を発表しているが、叩かれても自分を支えてくれたのがそうした賛同コメントだったという。病気になった瞬間、個人に責任があったかもしれないと、鵜の目鷹の目で探られるとは、魔女狩りだろうか。「自分の税金をあいつに使ってほしくない」という心の狭さであり、義憤を装った私憤であり、それらが長谷川氏を「支えて」しまったわけである。

こうした「義憤」に熱心なのは、極悪非道の人というわけではない。真面目に働き、税金を納めている、国のほとんどの部分を形成する中間層も含まれる。

「障害者なんていなくなればいい」「ホームレスなんて死んでしまえばいい」といったことは、私たちが活動を始めた当初からずっと言われ続けてきた。いたって優しそうに見える、ごく普通の人たちが、「生活困窮者に税金を使うのは無駄」「自分の税金を取られるのはかなわない」とけちをつけ、焦っている。まだ下流に落ちこんでいないと、少なくとも自分では思っている層が、下流を警戒し、憎むという構図が生まれている。

1958年から始まった内閣府（開始当時は総理府）の「国民生活に関する世論調査」によれば、自らの生活程度を中の上、中の中、中の下、つまり「中流」と答えた人は1960年代半ばは8割だった。「上」0・2％、「中の上」3・4％、「中の中」37・0％、

「中の下」32・0％、「下」が17・0％という割合である。背景には、日本が豊かになる「底上げ」を目指した、池田内閣の所得倍増計画がある。１９７０年には自分を中流と考える人が9割にまで達し、「1億総中流」という言葉が生まれた。

よく言われるが、「中流」と「中産階級」は若干意味が異なる。中産階級は、大学教授や弁護士など、知的職業人が形成する一家を指す。日本では、「中流」と「中産階級」が混同され、中産階級へのノスタルジックな憧れが底に流れる。世論調査では、そのような中流の定義は特になく、「自分がどう思うか」が問われていた。本当に憧れるなら、上流に憧れるのが自然なのだろうが、中産階級への憧れと混同されて、自分を「中流」と思いたがる層が増えていった。そして「1億総中流」意識が誕生した前年、つまり１９６９年にアニメ「サザエさん」が始まる。親子3世代が同居できる広い家に住み、飼い猫のタマがいて、子どもは3人。波平さんとマスオさんという2人の働き手がいる、今なら「勝ち組」の家庭が、日本の典型的な家庭「サザエさん」として位置づけられた。

その20年後の１９９２年に始まった「クレヨンしんちゃん」は、「嵐を呼ぶ」5歳児が主役だが、ホームドラマとしては初めての核家族であり、父親は35歳にして商社係長、首都圏に５ＬＤＫのマイホームを持ち、マイカーを所有している。年に一度は海外旅行に行き、母親はたまにパートに出る程度。父親の年収はおよそ650万円だ。

当時はそれが「中流」「ごく普通の人たち」という感覚だった。だからこそ、お化け番組と言われるほどの視聴率を獲得でき、共感も呼んだのだろう。

恐ろしいのは1990年代のバブル崩壊後も、2008年のリーマン・ショック後も、自分を中流とする人の割合が高度

図表2-1 生活の程度

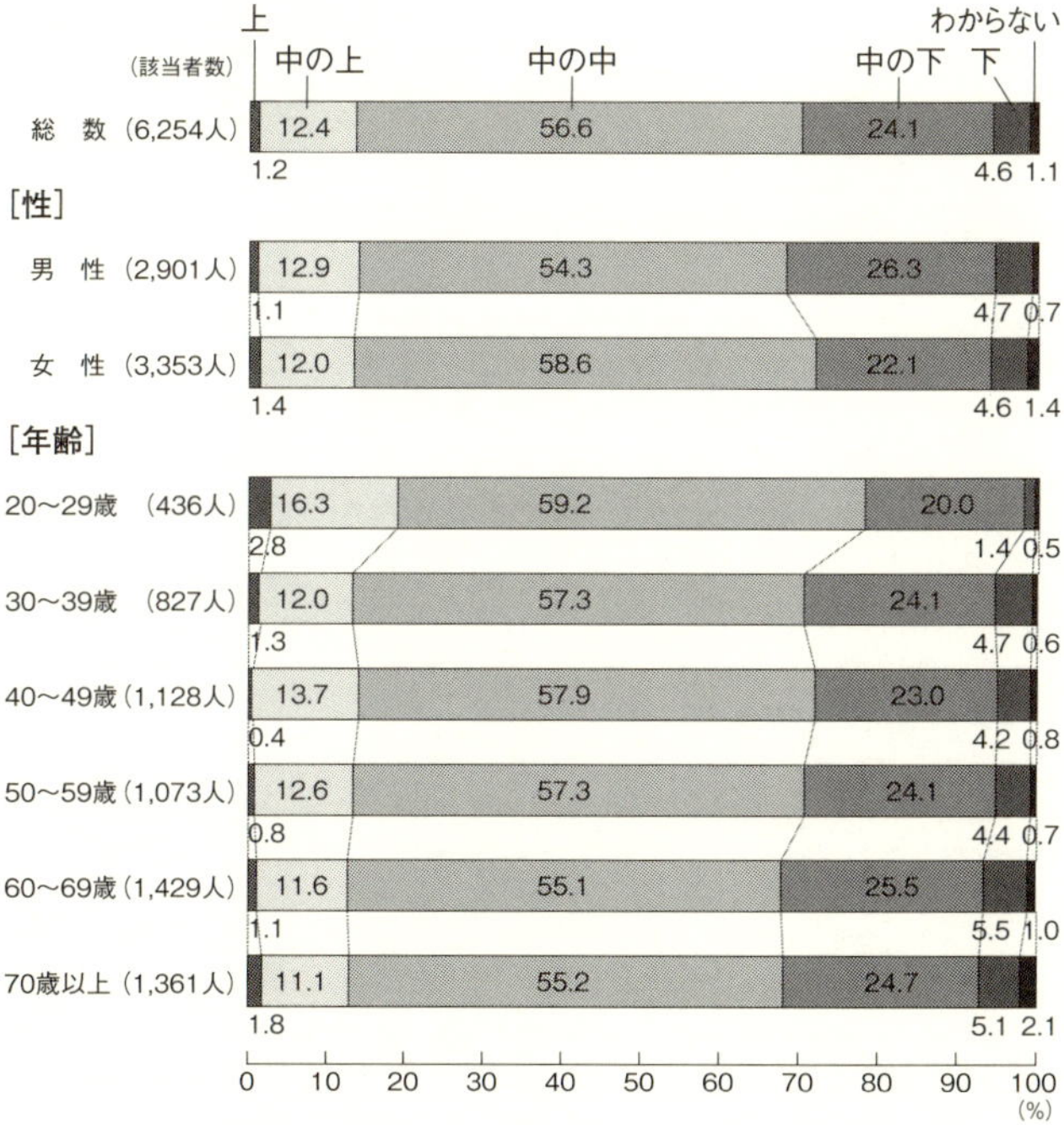

出典:2014年度 国民生活に関する世論調査」(生活の程度は世間一般からみてどうか聞いたことに対する答え)

経済成長期とほとんど変わっていないことだ。２０１３年６月に実施された同調査でも、９割以上の国民が自らの生活程度を「中」としている。

アニメ「サザエさん」がSFになる日

私は現実とすれ違ってしまった内容を批判しているわけではない。誰もがほっとできるテレビアニメが毎週放映されているのはよいことだ。ただ、今の日本で、どれくらいの人が「うちってサザエさんみたいな家庭なの」と言うことができるだろう。見ようによっては嫌味ですらある。サザエさんも、クレヨンしんちゃんも、今の感覚ではとんでもない勝ち組だからだ。

そして、今の「庶民」「中間層」をイメージさせてくれる新しいテレビアニメが、クレヨンしんちゃん以来出ていないことも気になっている。それは、理想とする、少しがんばれば手の届く家庭像がもはや「存在しない」ことを意味しているからかもしれないからだ。

厚生労働省の２０１４年国民生活基礎調査によれば、２０１３年の全世帯の所得金額階級別世帯数の相対度数分布は、次のようになっている。

・100～200万円未満……13・9％
・200～300万円未満……14・3％
・300～400万円未満……13・4％

そして、中央値（所得を低いものから高いものへと順に並べて2等分する境界値）は415万円であり、平均所得金額（528万9000円）を下回る割合は61・2％を占める。1世帯当たりの平均所得金額が528万9000円と相変わらずクレヨンしんちゃん並みなのは、統計のマジックともいえるもので、高所得者が平均を押し上げているのである。みなさんの世帯の所得は、本当に、中央値の415万円を保っているだろうか。

私たちは、もはや、もう、どこにもない「幻想の中流」の中にいる。

〈事例2〉高学歴下流。妻子を抱えて弁護士を目指した34歳編集者の挫折

「この国には何でもある。だが、希望だけがない」

2000年に出た村上龍氏の長編小説『希望の国のエクソダス』に、こんな名文がある。

ほっとプラスに寄せられる相談は、生活支援の受け方といった、実務的なものだけでは

ない。ただ、「希望がない」ことを訴えるだけの電話もある。

「契約社員をしているんですが、仕事も暮らしも展望がないんです。話を聞いてもらえませんか」

弱々しい声で語り出したのは、加藤弘さん（仮名・34歳）だった。

東京6大学の一つで法律を勉強し、学生時代は弁護士を目指していた。司法試験に何度も落ちてあきらめたものの、法律知識を生かせる実務書系の出版社に採用され、編集者として入社。契約社員となって6年経つ。

給与は月平均でおよそ18万円、年収で約２００万円。妻と4歳、２歳の子どもがいて、妻のアルバイト収入を合わせて世帯年収は約３００万円。東京都内で、家賃10万円の２DKアパートに暮らす。

「働き始めた当初は、がんばって働けば正社員にしてもらえるだろうと思っていましたが、会社には6年間何も言われず、契約も待遇も変わりません。20代のころは司法試験を目指してがんばっていました。生活のためにあきらめたのは自分です。合格できなかったのも自分の力のなさです。そのことはよくわかっています。

最近、これからの子どもの教育や、自分と妻の健康、老後のことを考えると、胸が締め付けられるような不安を感じるんです。今より収入の高い仕事を探さないと、暮らし向きがよくなる展望はない……ただ、この年齢で転職できるのか、正社員として働けるのか、不安ばかりで……」

助けてほしいというよりは、誰かに話を聞いてもらいたかったのだろう。加藤さんの話はとりとめもなかった。じっと聞いた後、家賃を安く抑えられる公営住宅があること、仕事を探す場所はハローワークだけではなく、職業紹介・就労支援をする自治体運営のジョブカフェもあること、職業訓練プログラムがあることなどを説明した。

契約社員としての職歴しかないと、たとえ転職できても、契約社員にしかなれないことが多い。雇用形態が固定し、非正規雇用が4割を超えてもなお、非正規の仕事は職歴とは見なされにくい。加藤さんの場合はそこに34歳という年齢も加わり、焦って、苦しんでいた。

非正規のまま40代を迎える1000万人

加藤さんが弁護士を志したことも、司法試験に失敗したことも、誰にでもある人生の1コマだ。問題は、こうして何らかの理由で正社員になれない、あるいはならないまま職業人生をスタートさせた人が、その後やり直せる職業教育や職業選択の仕組みがあまりに少ないことにある。

アメリカンドリームが崩壊したとされる米国でさえ、日本よりは敗者復活戦の仕組みがある。ところが日本は、ある年齢を越えた時点で、低賃金や不安定雇用が固定化する。

就職氷河期だった1998年ごろ就職でつまずき、不安定な仕事に就いた若者たちは、「ワーキングプア」「ニート」などと呼ばれたまま、40歳を超えた。そのまま非正規の仕事に就き続けている人は、年齢からして今後も非正規のままの可能性が高い。年収が400万円に達することはなく、歳を重ねるにつれて職を失うリスクも高まる。

「努力が足りなかったのだ」「力がなかったのだからあきらめろ」と、彼らの見通しの甘さを責めるのは簡単だ。しかし、彼ら「貧困世代」の層という〝カタマリ〟が20年後、今度は生活保護を必要とする大集団になる可能性がある。20年後の社会に、今の私たちは責任がないのだろうか。

厚生労働省「非正規雇用の現状と課題」(2015年)は、最新データとして次の数字を挙げている(総務省の労働力調査をもとに集計したもの。別の調査では非正規率が40%超の結果もある)。
▽非正規雇用労働者1980万人▽非正規率37・5%▽非正規雇用者の内訳はパート

図表2-2 正規雇用と非正規雇用労働者の推移

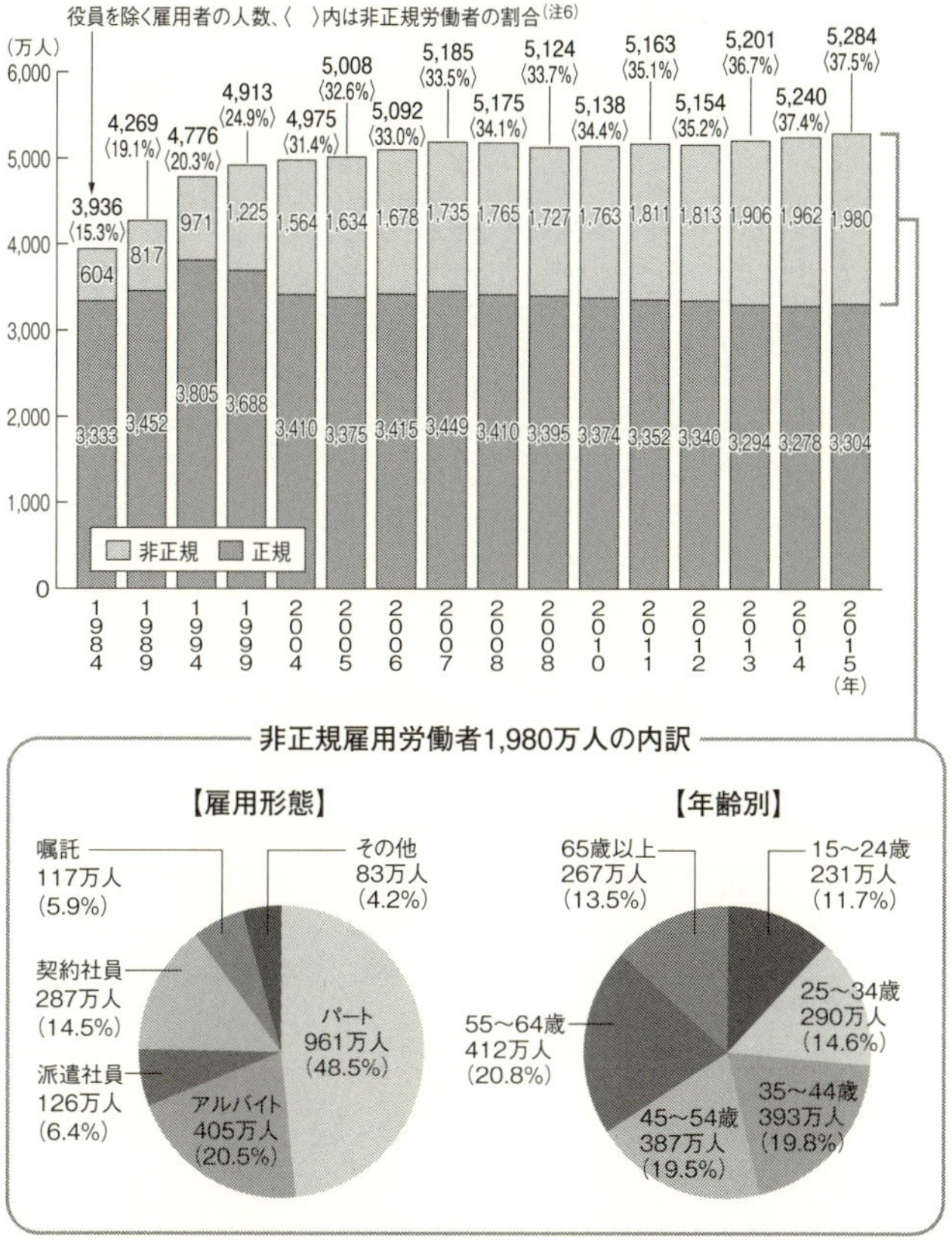

資料出所:1999年までは総務省「労働力調査(特別調査)」(2月調査)長期時系列表9、2004年以降は総務省「労働力調査(詳細集計)」(年平均)長期時系列表10

(注1)2005年から2010年までの数値は、2010年国勢調査の確定人口に基づく推計人口(新基準)の切替による遡及集計した数値(割合は除く)。

(注2)2011年の数値、割合は、被災3県の補完推計値を用いて計算した値2010年国勢調査基準)。

(注3)雇用形態の区分は、勤め先での「呼称」によるもの。

(注4)正規雇用労働者:勤め先での呼称が「正規の職員・従業員」である者。

(注5)非正規雇用労働者:勤め先での呼称が「パート」「アルバイト」「労働者派遣事業所の派遣社員」「契約社員」「嘱託」「その他」である者。

(注6)割合は、正規雇用労働者と非正規雇用労働者の合計に占める割合。

961万人、アルバイト405万人、契約社員287万人、派遣社員126万人▽25～54歳の非正規労働者は計約1070万人である。

1989年に817万人だった非正規雇用労働者は、26年間で1000万人に。また正社員として働く機会がなく、「不本意ながら」非正規で働いている人の割合は25～34歳で26・5％、35～44歳で17・9％、45～54歳で16・9％となっている。

誰にでも忍び寄る貧困の影

バブル崩壊後、企業はそれでも、まだ踏んばっていた。福利厚生を充実させて社員を教育し、万一向いていないということがあっても、配置転換をして人を育てた。年功序列で

図表2-3 正社員として働く機会がなく、非正規雇用で働いている者（不本意非正規）の割合

	人数（万人）	割合（%）
全体	315	16.9
15～24歳	28	12.8
25～34歳	71	26.5
35～44歳	67	17.9
45～54歳	62	16.9
55～64歳	64	16.6
65歳以上	22	8.8

資料出所：総務省「労働力調査（詳細集計）」（2015年平均）第Ⅱ-16表
（注1）雇用形態の区分は、勤め先での「呼称」によるもの。
（注2）非正規雇用労働者：勤め先での呼称が「パート」「アルバイト」「労働者派遣事業所の派遣社員」「契約社員」「嘱託」「その他」である者。
（注3）不本意非正規：現職の雇用形態（非正規雇用）についた主な理由が「正規の職員・従業員の仕事がないから」と回答した者。
割合は、非正規雇用労働者のうち、現職の雇用形態についた主な理由に関する質問に対して、回答をした者の数を分母として算出している。

給与を上げ、子育てや老親の介護にも対処できるようにしていた。

　このころまで、貧困に陥る人は、ある程度決まっていた。代表的なのは足腰を酷使する建設現場、長時間労働が常態化して心身を壊しやすい業界などである。中高年になり、体を壊して収入が途絶え、労災や生活保護などの支援を求める。つまり、職種が限られていたのだが、２００８年のリーマン・ショック以降、がらりと変わった。

　企業はぎりぎり踏んばって維持してきたアットホームな日本型経営を完全に切り捨て、成果主義に切り替えた。できる者を伸ばす、より報酬を与えるという考え方は公平なようだが、この新日本型の雇用は、「使い勝

図表2-4 時代の波にさらされてきた求人市場（有効求人倍率の推移）

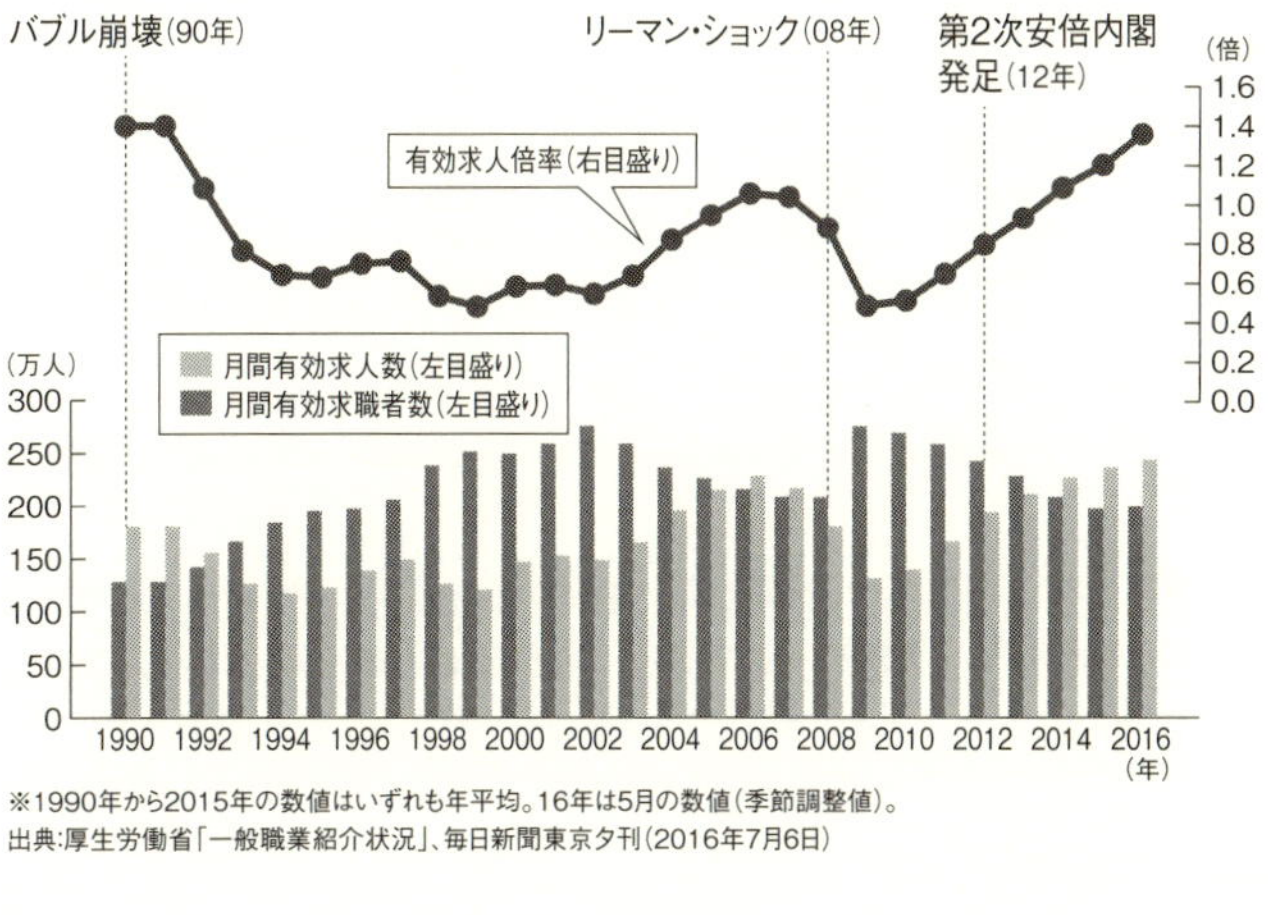

※1990年から2015年の数値はいずれも年平均。16年は5月の数値(季節調整値)。
出典:厚生労働省「一般職業紹介状況」、毎日新聞東京夕刊(2016年7月6日)

手のいい労働者を増やす」ことに他ならない。「即戦力」ならばとことん稼がせ、そうでない分野は派遣等の非正規でまかない、雇用の調整弁とする。稼げる人はとことん稼げるが、大多数はどれだけ働いても、雇用契約によって初任給15〜17万円ということになる。それも、労働に見合う対価ではない。また、「稼げる人」にしても、一生コンスタントに営業利益を上げられはしない。成績が落ちれば捨てられるから、結局、多くの人々が残れず、スキルも蓄積されない。それが当たり前になり、新人を教育しようという意識すらなくなっていく。

無事に就職し、結婚もし、マイホームを構えても、会社の合併や業績ダウンによって、昇進や昇給が閉ざされたケースも相次いでいる。

そんな沈みゆく船ともいえる企業から逃げ出すのは、日本の場合、あまり得策ではない。欧米に比べると日本は失業手当も職業訓練制度などの支援も薄いため、再就職が難しい。実際に、転職するたびキャリアダウンする事例は後を絶たない。マニュアル化された仕事はスキルにならず、よほどその人ならではのスキルを持っていなければ、転職してもキャリアダウンになる。その状態から抜け出すために転職しては年収が下がるという悪循環に陥っていく。そのため、じりじりと給与が下がり続けても、転職もできず今の仕事にしがみつくという閉塞状況に陥る。

おっちゃんは高速道路の下で寝泊まりしていた

私がホームレス支援を始めたのは2002年のことである。有効求人倍率が底を打った当時、大学の先輩たちは就職氷河期のまっただ中にいた。何社受けても「お前は要らない」とばかりに落ちる。学生にスキルがないのは当然なので、「あなたの性格では合わない」と、性格の問題にされる。自尊心を傷つけられ、自信をなくすのが就活の「試練」だった。そんなものかと思っていた矢先、よほどたくさんの知識を持っていて、社会の仕組みを熟知している年配者に偶然会った。

当時、大学2年生だった私は、自転車でアルバイトに通っていたのだが、朝、路上で50代の男性とぶつかってしまった。その場は謝ってアルバイトに行き、戻ると、あの「おっちゃん」がまだ同じ場所にいる。しまった、けがをさせてしまったのかと驚き、謝りに行った。「転ばせてしまってごめんなさい。大丈夫ですか。あれから動けなくなっていたんですか」ところがおっちゃんは、「いや、あそこに住んでいるんだよ」と言う。ジャージをはいて、外環自動車道という高速道路の下にテントを張って寝泊まりしていた。

当時、私はホームレスに興味はなく、そういう人がいると聞いていた程度だった。話を聞けば、誰でも知っている有名大学の経済学部を出た元銀行員であり、誰でも知っている大手都市銀をリストラされたという。

「人生ってわからないもんだね」

私の父と似た年代でもあって、シンパシーを感じた。家族の話を聞くと、奥さんとは離婚して、私と同年代の息子さんがいるようだった。それから、平日は大学、土日はアルバイトに行き、帰りはおっちゃんのところに寄って話をする日々が始まった。山一証券が破綻した仕組み、経済が停滞している理由などおっちゃんの持論をいろいろ伺った。

「忙しかったんだよね。体調崩しちゃって、

生活保護を一斉に申請する「年越し派遣村」の人たち＝東京都千代田区の千代田区役所で（2009年1月5日　撮影・木葉健二）

うつになっちゃって、アルコールにも逃げちゃった俺が悪いんだけどね。我慢できなかったのは悪いけど、人生そういうもんだろう。でも、失敗して立ち直れる社会のほうがいいよな。退職金は奥さんに全部渡したんだよ。すぐに仕事は見つかるだろうと思ったけど、50歳を過ぎると仕事ないんだよな」

そうか、仕事ないのか。ホームレスになるのか。衝撃だった。半年後、おっちゃんは姿を消し、連絡が取れなくなった。

資本主義社会は、儲け続ける、成長し続けることで生きながらえていく。世界的に競争しなければならなくなったグローバル経済の中、犠牲は労働者に行く。私は、経済成長とともに社会保障の充実も狙うという、2つのエンジンを回すべきではないかと思う。もはや、勝ち組といわれた銀行員、公務員、上場企業の会社員も関係ない。年収や地位があっても、介護、離婚、病気というファクターと、それに伴う離職で簡単に貧困に陥る。

この際、資本を増やすだけでなく、教育や職業訓練など、人間らしい暮らしができる環境を整えて安心感を提供したうえで、イノベーションにも取り組んではどうか。さらに、手に職をつけて働いて生きていくことは、人間としての権利である。義務教育だけでなく、職業訓練を受けることも権利なのである。その権利が国民に保障されていなければ、国の科学技術も上がっていかない。経済界が待ち望むイノベーションも起こりにくいだろう。本人にとっても、手に職があるかないかで、人生の選択肢が違ってくる。

教育にそれくらいの投資をしていけなければ、ノーベル賞受賞者も私たちの代から出なくなるだろう。技術も得られず、生産性も落ちていく。経済はいっそう減速するのではないだろうか。

〈事例3〉介護離職で共倒れ。畳の抜けた一戸建てで暮らす80代母と50代息子

それでも社会の価値観は変わっておらず、貧困は怠けていた人がなるものだし、心を入れ替えて働けば「治る」ものだし、病気にもならないと思い込まされている。できないことは恥ずかしいから、世間体を気にして、相談しようとしない。貯金しなかった自分が悪い、家族と不仲になった自分が悪い。末期がんの痛みをロキソニンで散らしながら働いている人。収入がなく病気を悪化させた人。無料でかかれる病院もあるのに、生活保護の申請もせずに手遅れになってしまったケースもある。

特に長寿社会の現代は、介護のために離職して生活困窮に至るケースが頻発している。埼玉県上尾市に住む50代後半の男性・本山誠さん（仮名）のケースを紹介しよう。

電話を受けて市内の自宅を訪問したところ、見た目は立派な一戸建てなのに、入ると畳の底が抜けている。台所は汚れ放題、ごみ袋が放置された4LDKのお屋敷で、80代の女性がひっそり寝ていた。話は通じず、認知症でほとんど寝たきりだという。

世話をしているのは独身のひとり息子、本山さん1人である。8年前まで地方公務員として働いていたが、母親の介護のために退職した。母親の国民年金4万円ほどとアルバイト代でどうにか食いつないでいたが、認知症がひどくなり、1人にもできなくなって、コンビニのアルバイトも辞めてしまった。誰にも相談できないまま、退職金を切り崩しながら暮らしていたが、所持金が1000円を切って電話をしてきたのである。

「申し訳ない、自分のことが自分でできなくなっちゃった。この800円を使ったら、もう終わり。仕事もなくつらいので、正直死にたい」

汚れたお屋敷の中で、本山さんは身を縮めていた。

本山さんは、「母が他人から介護支援を受けるのを嫌がるから」と介護保険の申請もしていなかった。さらに、「持ち家があるから生活保護も受けられない」と思いこみ、公務員だったため世間体を気にして誰にも相談していなかったという。私たちは急いで介護保険と生活保護の申請をした。どちらも認められ、すぐヘルパーさんに来てもらえることになった。

介護離職とはその期間働けなくなり、報酬比例部分である自分の年金も先に食べてしまうということだ。介護保険を使い、手助けをしてもらって、離職せずに働き続けることが、親御さんに安心して床に就いていてもらうための策でもある。残業を減らし時短勤務にするなど、勤め先にも相談を持ちかけてほしい。辞めれば何とかなる、といった自暴自棄はやめて、ぜひ介護保険制度を上手く使ってほしいと思う。

本山さんの場合は、「介護は身内がやるもの。人様には任せたくない」という意識が非常に強かったようだ。介護保険制度も生活保護制度も申請主義である。つまり、人様に迷惑をかけたくないという人には、手を伸ばしにくい。このような「遠慮」は、制度を使う人を減らそうという「策」にしか私には思えない。申請したら助けてあげますよという仕組みは、そもそもアクセス方法を知らない人には使いにくいのだ。

〈事例4〉引きこもり歴20年。母親の遺体の横で助けを求める50代息子

70代を迎える団塊の世代の健康不安が今の日本の「時限爆弾」なら、第2の時限爆弾は、社会から身を隠した「引きこもり」の放置だろう。

人とかかわらず、昼夜逆転生活を送る「引きこもり」は、引きこもっているので確かなデータが取れないが、彼らの自立支援を進めるNPO法人「てらネットEN」によれば、いじめ、病気、就職活動の失敗など要因はさまざまであるが、中でも「職場不適応」が半数を占める。引きこもりといえば「部屋でゲームばかりやっている若者」のイメージがあるかもしれないが、実態は働きたいが何らかの困難を抱えている存在でもある。そして、最大のボリュームゾーンが団塊のジュニア世代、つまり30代後半から40代半ばくらいまでだ。

日本では、出身や年齢を超えてさまざまな人と出会い、切磋琢磨して成長していくチャンスが、就職しないとなかなかない。欧米の「サロン」や教会でのつながりにあたる「町内会」「青年団」といった組織も瓦解した。雇用破壊の影響を最初に受けたロスト・ジェネレーション世代が、人とのつきあい方も学びそこなったのは当然のことだろう。彼らの親は60代を越えており、親の年金を食いつぶしながら生きていく層が、低賃金労働者の増加と並行して後続する。彼らが外に出て行くきっかけは、老親の死しかない。これから紹介する男性のケースが、今後の指針になっていくかもしれない。

「今朝がた、母が亡くなったんですが、どうすればいいかわからなくて……」

ある日の午後、1本の電話がかかってきた。電話の主は埼玉県内に住む塩田功さん（仮名・53歳）。朝起きたら、87歳の母親が亡くなっていたという。

「今ご遺体はどこにあるんですか？」

「隣に……」

「お金あります？」

「はい、母の貯金が少しぐらいは……」

「じゃあ、まずは警察を呼んで、その後、葬祭業者さんを呼んで、ちゃんと手続きをして、お母さんを見送ってあげましょうよ」

「あ、そうですよね」

——そこまで話して、塩田さんはようやく現実に戻った様子だった。

塩田さんの話をまとめると、以下のような状況だった。

亡くなった母親は学校の先生をしていて、離婚した後ずっと塩田さんと2人暮らしだった。いっときは校長も務めたキャリア教育者で、ばりばり働いてきた、頼りがいのあるお母さんだったようである。教師を定年退職し、嘱託を経て年金生活に。公立だったので共済年金があり、月額年金は23万円ほどあった。一方、塩田さんは、若いころは普通に働いていたが30代で病気になり、仕事を辞めて実家に戻った。実家は県内の公団住宅である。

母親に認知症の兆しも出てきて、塩田さんは懸命に支えていたようだ。そして母親の年金は、日雇いなどで得られる以外の定収入を持たない塩田さんを支えていた。文字どおり、2人が互いに支え合って生きていたのだ。

棺や火葬料などを一切負担する必要がない「直葬」で送ることとなった。最も経済的な負担が軽い葬式である。もう、塩田さんは1人で生きていかなければならない。

「お袋の年金がなくなったということは、僕は死ぬということですか」

住まいは母親名義で借りていた公団住宅だった。とりあえず名義貸しで住める手続きを取り、生活保護の申請につきあった。

「なんでそんな歳で貯金もないの？」

まだ20歳過ぎの福祉課職員が叱り、根ほり葉ほり聞く。仕事もしておらず、家も失いかけているのだから、支給するしかない。

もしも電話をくれなかったらどうなっていたか。親の死を隠して年金をもらい続ける、全国で頻発する詐欺事件の一つとなっていたかもしれない。詐欺といっても、年金で豪遊していた話はあまり聞かない。逮捕された中高年は、だいたい「生活費に使った」「悪いのはわかっていたけれど、生活のために仕方なかった」と答えている。

日本年金機構は、住基ネットを活用し、年金受給者の生存確認を急ぐ。100歳過ぎまで生きている長寿の老親は本当に生存しているのか。だが、たとえマイナンバーで照らし合わせても、自宅に遺体を放置して死亡届も出さなければ、確認のしようがないのが現状だという。

推計300万人？ 日本の引きこもりが突出している理由

内閣府では、引きこもりを、「狭義」ならば「自室からは出るが、家からは出ない」、「準ひきこもり」を「ふだんは家にいるが、自分の趣味に関する用事のときだけ外出する」として、広義の引きこもりを69・6万人と推計している（「若者の意識に関する調査（ひきこもりに関する実態調査）」2010年）。

この調査は「引きこもり＝若者」を前提としており、塩田さんのような40代以降が外れてしまっている。全国引きこもりKHJ親の会の統計では、軽く外出する程度まで含めると、世代に関係なく推計300万人とまではじき出しており、人数さえよくわからないブラックボックスになっている。海外では、日本固有の文化が「MANGA（マンガ）」なとそのまま英語になるのと同様、「HIKIKOMORI（引きこもり）」もそのまま英語になって報道される。

外出恐怖症を意味する「シャットイン（shut-in）」という英語はあるのに、「HIKIKOMORI」と表現せざるをえないのは、シャットインとはまた違うからだろう。そこには、本人の内気な資質などとは関係なく、1990年代以降の雇用の崩壊、はみ出すことを許さない集団主義的な慣習といった、日本固有の状況がある。文化と社会現象があいまって生み出した特異なプレッシャーであり、また、外圧だけでなく、子どもが成功するために親がさまざまな形で圧力をかけてきたことも要因の一つと、専門家によって指摘されている。

塩田さんのお母さんは校長先生だった。亡くなってしまったからもうわからないが、がん

図表2-5 ひきこもり群の定義と推計数

	有効回収数に占める割合（%）	全国の推計数（万人）	
ふだんは家にいるが、近所のコンビニなどには出かける	0.40	15.3	狭義のひきこもり 23.6万人（注4）
自室からは出るが、家からは出ない	0.09	3.5	
自室からほとんど出ない	0.12	4.7	
ふだんは家にいるが、自分の趣味に関する用事のときだけ外出する	1.19	準ひきこもり 46.0万人	
計	1.79	広義のひきこもり 69.6万人	

（注1）15～39歳の5,000人を対象として、3,287人（65.7%）から回答を得た。
（注2）上記ひきこもり群に該当する状態となって6カ月以上の者のみを集計。「現在の状態のきっかけ」で統合失調症または身体的な病気と答えた者、自宅で仕事をしていると回答した者、「ふだん自宅にいるときによくしていること」で「家事・育児をする」と回答した者を除く。
（注3）全国の推計数は、有効回収数に占める割合に、総務省「人口推計」（2009年）における15～39歳人口3,880万人を乗じたもの。
（注4）狭義のひきこもり23.6万人は、厚生労働省「ひきこもりの評価・支援に関するガイドライン」における推計値25.5万世帯とほぼ一致する。
出典：内閣府「若者の意識に関する調査（ひきこもりに関する実態調査）」（2010年）

ばって働く姿が息子を追い詰めてしまったのだろうか? 厚生労働省は、引きこもりのいる家庭を訪問し外に出て行く助けをする、サポーターを養成することを2013年度から始めているが、おそらくお母さんは、「息子が引きこもって困っているんです」などと外にカミングアウトすることはできなかったはずだ。

第1章でも紹介したとおり、親世代との齟齬と、「悪いのは自己責任」と追い詰める世間は、人を救わず、どんどん狭いところに押し込めていくのだろう。その無言の社会的な圧力が家族内へ静かにさまざまな問題を押し付けていく。

長期の引きこもりは、身体機能や気力を低下させ、早いうちに要介護状態になるだろうことが、本章の冒頭で言及した健康格差を扱った番組等でも指摘されている。「日本の時限爆弾」である健康格差と結局は同じことであり、「働きすぎ」と「働けなさすぎ」という2つの発火装置がほぼ同時に、すべての団塊世代が後期高齢者になる2025年以降、作動するわけだ。

お母さんが亡くなり、生活保護を受けながら仕事を探すことになった塩田さんが、可能な限り豊かな人生をまっとうしてくれることを願わずにはいられない。

提言
2

生活困窮者を探すことから支援は始まる

　日本の引きこもり数の多さは、20歳を過ぎた成人が親と同居し続ける慣習によることも大きい。本来、子が親と同居するのは、親の面倒を見るためだったが、長寿化により、子が成人しても親はまだまだ働き盛りである。そうして食べさせてもらっているうちに、親も老い、仕事の経験がほとんどない子は親を抱えて破綻する。

　欧米では親が子どもの世話をするのは18歳まで、あるいは成人するまでと言われており、幼いころから自立心を育ませ、18歳を過ぎれば実家から出す。だから、中年になっても親元にいて、食べさせてもらえる「ＨＩＫＩＫＯＭＯＲＩ」は、海外から見れば奇異なのだ。

　若者向けの公営住宅がないことをはじめ、親と同居せざるをえない住宅事情、単身者アパートの家賃の高さも関係がある。社会復帰を助けるサポーターの養成も大切だが、なぜ引きこもっているかを掘り下げて根本のところを改善するほうが、なお大切なはずだ。

事例3も同様である。畳が抜け、餓死寸前になるほど困窮していたのに、首都圏の住宅街で誰も気づかなかったのは、見た目がきれいな二階家だったこともあった。

「気づかなかった」「言ってくれれば助けてあげたのに」といったコメントは、貧困を引き金とした事件でよく見かける。しかし、貧困は自己責任と思っている（思い込まされている）と、近所に助けを求めることは難しい。

〈23区内のホームレス数は、平成11（1999）年度の5800人をピークに以後漸減傾向にあります。平成27（2015）年1月調査では対前年比177人減の778人となりました。

これは、都区共同事業である自立支援システムが効果的に機能していることに加え、生活保護の適用等によるものと考えられます〉

東京都のホームページは誇らしげに発表する。カウント方法に問題があるのは、支援者の間では有名な話だ。夜に公園を閉め、野宿されないようにし、簡易宿泊所に送り込んで巧妙に隠してしまった「成果」とも言える。自転車でぶつかったあの「おっちゃん」との出会いから15年、今はゴミ捨て場で拾ったスーツを上手く着ている人もいるし、個室トイレで充電したスマホを手に、日雇い派遣に出かけている人もいる。宿泊先として、カプセルホテルやネットカフェ、マンガ喫茶などが全国に普及した。シャワーも浴びられるし、ヒゲを剃る設備もある。もはや誰もホームレスであることに気づかないし、見分けもつかない。また、ホームレスと後ろ指をさされないよう、彼らなりに非常に身なりに気をつかう。

20年前と変わらないのは福祉事務所のほうである。「都市公園、河川、道路、駅舎その他の施設を故なく起居の場所として日常生活を営んでいる者」と、ホームレス自立支援法における定義を律儀に守って、勤務時間内である昼間に目視でカウントしに行く。

髪もヒゲも伸び放題、何日も入浴しておらず、段ボールを敷いて寝て、昼間はぼろぼろの服で歩いているなど、「わかりやすい」ホームレスはもう少数派なのだ。住宅街をスーツ姿で歩いている人が、ネットカフェを泊まり歩いて体をぼろぼろにしているかもしれないのだ。

1　占有することができる住居を持っていない状態にある世帯の一員
2　家があってもそこに立ち入れない場合、そこが住むことが許されない車両、船
であある場合
3　そこを継続的に占有する理由を持っていない場合
4　28日以内にホームレスになる可能性がある場合

イギリスでは、ホームレスを以上のように定義しており、この視点から調査をしてみると、家賃滞納者やネットカフェ生活者、車上生活者などを幅広く含んで支援対象としていると理解できる。本山さんや塩田さんのようなケースも含められるようなカウント方法でなければ、調査をしても予防対策を講じることができない。

日本のホームレス概数調査は、もはや意味を失ってしまったと言わざるをえない。調査によって、支援対象者を捉えることに失敗しているからだ。河川敷に出かけて一人ひとり数えている労力があるならば、現在のホームレスおよび生活困窮者がどこに居住しているのか、実態に迫る調査こそ必要ではないか。

イギリスの定義に照らせば、今の日本は、膨大な人々が住居を失い、ホームレスとなっている。日本の貧困と格差は広がり続けており、家を失うリスクが身近に迫る。

2016年、国土交通省は、空き家に入居する子育て世帯や高齢者に最大で月4万円を家賃補助すると発表した。受け入れる住宅の持ち主には住宅改修費として最大100万円配るという。早ければ2017年秋に始まる。深刻になりつつある空き家問題の解決にもなり、何より、子育て世代や高齢者の生活を住宅面から支えてくれることが期待できる。

こうした状況を、経団連も含め、企業の上層部にどう伝えるかはずっと難しかった。年功賃金制という、失われた20年よりも前の仕組みを温存している大企業はまだ体力もあるので、大企業の雇用体制が変わることで日本の労働環境が改善されればいいという思いもあった。

ところが、ここまで非正規雇用の若者、シングルマザーの貧困家庭等が増えてくると、上場企業に勤めている幹部でさえ、息子や娘に安定した働き口がないといった事態が起きている。

親族を見渡し、もし、3年、5年おきに辞めていくような人がいたら、「お前、ちゃんとやれ」と説教するのではなく、まず耳を傾け、何が起こっているかを聞いてほしい。

実際、そうして気づき始めた人から先に、「いや、若者雇用ってこんなにひどいんだ」という驚きの声があがりつつある。子どもでなくとも、甥や姪でもいい。身近な下の世代たちと接して、実感していってほしい。

「姪の○○ちゃんはまた仕事を辞めたって」

「そりゃ大変だね、あの家も」

私の経験からしても、当事者になるか、当事者に接しなければ実感できず、通り過ぎていったことがたくさんある。たとえば、「おっちゃん」と会うまでは、困っている人のことなど実感できなかった。実感できなくとも、何ら困らずに学生生活を送っていたのである。社会が持続可能性をすでに失っていたとしても。

第3章

女性の貧困

本章では、女性が置かれてきた立場を振り返りながら、この先進国で、なぜ多くの女性が貧困状態のままなのかをひもとく。

１９８５年に成立した男女雇用機会均等法（均等法）は、雇用破壊の「口実」を作った。男女の給与を同一にすることは、一見、格差を解消するかのように見えて、１９８６年に施行された労働者派遣法改正とセットにして、男も女も非正規にして一気に人件費を下げる奇策を生み出したのである。85～86年といえばバブルのまっただ中であり、その10年後にこんな使い手のある「均等法」に成長するとは、誰が想像しただろうか。

男性の雇用が破壊されていくことで、ＤＶ、離婚、下流中年、シングルマザーの生活苦、子どもの貧困と、なだれ落ちるような崩壊が始まった。きっかけが男性の雇用崩壊なら、それが何を引き起こしたかは、女性たちの抱えるさまざまな困難に目を向けることで見えてくる。

高度成長期からずっと女性は「貧困」だった

雇用が安定していた高度成長期から、女性は「結婚したら辞めるから」「遅くまで働かせられないから」といった理由で、昇進・昇給が抑えられていた。日本が豊かだった時代も、女性は「貧困」だったわけである。夫がどれほど安定した稼ぎを得て、社会的地位が高くとも、離婚すればたちまち食べるのにも窮するという意味だ。戦前を舞台にした芝居で女性が離縁され、いったいどうなるのかと固唾《かたず》を呑んで観ていると、2、3軒離れた独身男性の家にそのまま入っていく展開を見せ、驚いたことがある。簡易な再婚なのだが、つまりは、とにもかくにも女性は男性といるのが、生きる手段だった。

これは話作りの極端な例だと思う。現実的なことを言えば、離婚ないし死別した女性は、特に手に職がなければ、実家の両親が引き取った。実母、娘、孫が食べる分はすべて、実父にかかってくるが、それらの分を養うだけの給与も壮年の男性は得ていた場合が多い。住宅手当、家族手当などの福利厚生は、安定した家庭を維持して、働きやすい環境を整備する意味合いもあっただろう。企業は家族ぐるみで男性を雇っていたようなところがあった。

その代わり、プレッシャーのかかる男性のストレスは大変なものである。戦前の典型的な日本の家族を描いた向田邦子氏の『父の詫び状』には、一日中、怒ってばかりいる父親(保険会社のサラリーマン)が出てくる。

しかし、それに耐える妻が美徳ともされた時代だった。

今は、「耐える妻が美徳」という風土は残りつつも、政府による「1億総活躍社会」の推進を背景に、スキルのある女性、自立して稼げる女性が評価される。子育ては女性の務めであり、また、母性神話もあって、根拠なく男性より向いているとされている。男性と同等にキャリアアップできる道も、企業によっては徐々に用意され始め、子育て後は復帰してほしいという期待もかかる。これほど女性に多くのものを求めている時代もないのではないか。求めるものが多すぎると、結局、あちこち矛盾することになり、システムが破綻をきたしていく。どんな分野でもそうだが、破綻のしわ寄せは最も弱い者に行く。

〈事例1〉両親ネグレクトのもとで育った17歳、勤労女子高生の未来

さいたま市の定時制高校2年生、上野優香さん（仮名・17歳）は市内のアパートで1人暮らしをしている。生まれてすぐ父親が行方不明になり、障害のある母親は娘を虐待するようになったため、児童施設に預けられた。売春や非行で補導されながら義務教育を終え、今は働いているクリーニング店の名義で部屋を借りている。体調は崩しがちで、仕事も行ったり行かなかったりと気まぐれなため、店のほうから「辞めてくれ」と言われた。見かねた担任の先生から電話があり、詳しい話を聞くことになった。

収入は月13万円で、所得税や社会保険料、アパートの家賃4万円を払うと、ぎりぎりしか残らない。

「このままでは卒業も難しい。何とか卒業させてあげたい。卒業できなければ上野さんの将来は真っ暗です」

担任の先生は言う。しかし、肝心の彼女は、

「将来？　高校を卒業できればいいよ」

と人ごとのように投げやりである。母親には頼れないため、これまで1人で生きてきた。定時制や通信制の高校には複雑な家庭の子が多く、親の愛情がなかった分、自分の存在意義を確かめたくて売春に走るか、リストカットなどの自傷行為を繰り返す。自尊感情の低い子に多く見られる行為である。それでも、何度か話を聞くうち、やっと落ち着いてきて、口を開いた。

「美容業界に行きたい。そうして早く結婚して、幸せな家庭を作りたい」

貧困の連鎖を断ち切る鍵は教育投資

上野さんに必要なことは、高校を出て、専門学校で手に職をつけることだ。そうでなけ

れば生涯ずっと低所得者のままということになり、家庭を営んでも同じことになってしまう。いわゆる底辺高校では、2月の卒業間際の時点でも就職決定者が男子29％、女子16％、進路未定者は男子52％、女子65％（首都大学東京「高卒者の進路動向に関する調査」2002年より）と極めて不安定であり、十分な教育を受けていない生徒の家庭ほど、収入が低く、食事も取れていない状況にある。中には交通費がなくて通学できない場合もある。

上野さんのケースでは、高校をきちんと卒業することを約束し、美容資格の取れる公的職業訓練校を案内した。希望を聞き出せれば救いがある。顔つきは暗いが、上野さんは服もきちんとしていて、傍目からは「貧困」とは全くわからなかった。

お金のことだけではない。人とのかかわりの中から生まれるものが人的資源だ。たとえば、高所得の人たちは、弁護士、医者、政治家同士で集まっていて、たとえ失業したとしても、「じゃあ、何とかしてやるよ」という友人が出てくる。それが、上野さんのように下の所得階層あるいは階級になればなるほど、自分たちも困っているんですけど、ということになる。日本は格差が厳しく、すでに歴然たる階級社会になってしまった。

学校にはスクールソーシャルワーカーが配属されているが、学生の本分は勉強であり、勉強しない子は「怠けている」として退学を促すような学校も多い。私は、勉強も大切だけれども、勉強しない子がいたら、何がその子を「怠けさせている」のか人の気持ちに寄り添って想像するのが、教員の仕事の第一歩のように思える。ただ、最近、それを自覚して動いてくれる教員が増えてきたのはうれしいことだ。

どんなことでもいい、そこから希望のつぶやきを引っ張り出してくるのが鍵だ。

「お金はないけど、本当はこんなことがしたい」

自分が話している言葉を自分の耳で聞くだけで、立ち直りの一歩が始まる。

追い詰められるシングルマザー

「連鎖を断ち切る」と述べたが、よく考えれば、上野さんのお母さんに失礼な話である。子育てせず、生活保護を受け、家でうつうつと寝ているお母さんのことは「断ち切って」、子どもは成長していかなければならないのだろうか。

上野さんはお母さんから虐待を受けていた。父親が行方不明になっているので、お母さんは追い詰められてしまったのかもしれない。シングルマザーは、精神を病むケースも多い。「このままでは子どもに手を上げてしまう」と、ほっとプラスに駆け込んでくるケースもある。

日本では、両親が別れた場合、母親が親権を得ることが多い。子育ては女性がするもの、という母性神話がある以外に、母乳や入浴の世話といった育児が男性ではどうしていいかわからないという事情もある。調停する家庭裁判所も承知のうえで、では夫が養育費を負担する、ということになる。しかし、夫が養育費を順調に払うケースは、極めて少ない。

たとえ母親が親権を持っても、父親は子の扶養義務を負うが、2011年度全国母子世帯等調査結果報告によれば、離婚した父親からの養育費の受給状況は、「現在も受けている」が19・7%（前回の2006年度調査では19%）で、離婚した母親からの養育費の受給状況は、「現在も受けている」が4・1%だ。

つまり、母親には、子育てと仕事（収入を得る）の両立という、大変な重荷がかかる。全く肯定はしないが、仕事などのプレッシャーから、家に帰ると家族に怒鳴り散らしてばかりいた「昭和のお父さん」を思い出してほしい。シングルマザーには、怒鳴り散らせる相手、ストレスや悩みを打ち明ける家族がいないことも多いだろう。

母子が餓死する「経済大国」

2013年5月、大阪市内のマンションで28歳の母親と3歳の息子が、布団に仰向けに倒れているのが発見された。キッチンつきのワンルームには冷蔵庫もなく、電気もガスも止められ、食べ物は塩のみ。預金口座の残金は十数円で、「最後におなかいっぱい食べさせられなくて、ごめんね」という走り書きがガスの請求書裏に残されていた。大阪府警天満署は「生活に困窮して餓死した可能性が高い」と発表した。

「おなかいっぱい食べさせられなくて、ごめんね」ではなく、「最後におなかいっぱい食べさせられなくて、ごめんね」とは、これが最後だとわかる瞬間を母親は見ていたのだろうか。調べでは、まず子どもが力尽き、母親の死亡は後だとされる。亡くなったのは2月ごろで、異臭により近所の人が通報した。

＊＊＊

貧困の末、餓死するケースには、私たちも何度か立ち会っている。

ほっとプラスでは、生活困窮者の住まいを支援しているが、夏のある日、大家さんからかかってきた電話を受けて、アパートに向かったときは、部屋に入る前からこれまで嗅いだことのないような臭いが漂ってきた。ドアの隙間からはハエが出入りしている。不動産屋さんが合鍵を持ってきて、慎重にドアを開いたとたん、ハエの大群が飛び出してきた。

部屋の隅には真っ黒になった遺体が横たわっていた。嘔吐物、汗や体液、便が体中から染み出して、床に広がっている。凄惨《せいさん》な光景だった。

人は死に方を選べない。誰でも明日死ぬかもしれないが、「餓死で自殺」は不可能といわれる。それほど緩慢で、きついのだ。

母子餓死事件では、その後の報道によれば、お母さんは行政に支援を求めておらず、民生委員にも相談していなかった。夫のDV被害を受けており、居場所を知られるのを恐れてか住民登録がなかった。離婚をしていなかったため、生活保護等の申請をしてしまうと、家族に「助けてあげられないか」という連絡が行き、そこから足がつくという矛盾した事情を知っていたからかどうかはわからない。

それでも支援を受けられる抜け道はあるのだが、DV夫から逃れるために身を潜めるように暮らしていて、情報が届いていなかったようである。近所の人と会っても、軽く言葉を交わすくらいで、誰も手をさしのべられなかった。

母子世帯の貯金額は半数が50万円以下

この報道には、「明日はわが身」というシングルマザーからの共感がネット等に寄せられた。ちなみに母子世帯の母親の預貯金額は、先の調査では、「50万円未満」が47・7％と最も多い。何かあれば明日にも底が尽き、食べるものにも困る額である。

　何かあっても３カ月は暮らせるような蓄えが、ぎりぎり安心して暮らせる目途だろう。それにも届かないのは、もともと女性の昇進・昇給が抑えられがちという「昭和の名残」のような事情に加えて、失われた20年を通して若年世代の非正規雇用が増え続けたことがある。なおかつ最低賃金は低いままだ。

２０１１年度調査では全世帯の２％、つまり約１２４万がシングルマザー世帯だが、国民の貧困率が６人に１人という中、彼女たちの貧困率は５割を超え、平均所得は１８１万円。

図表3-1 世帯数の所得金額別累積度数分布

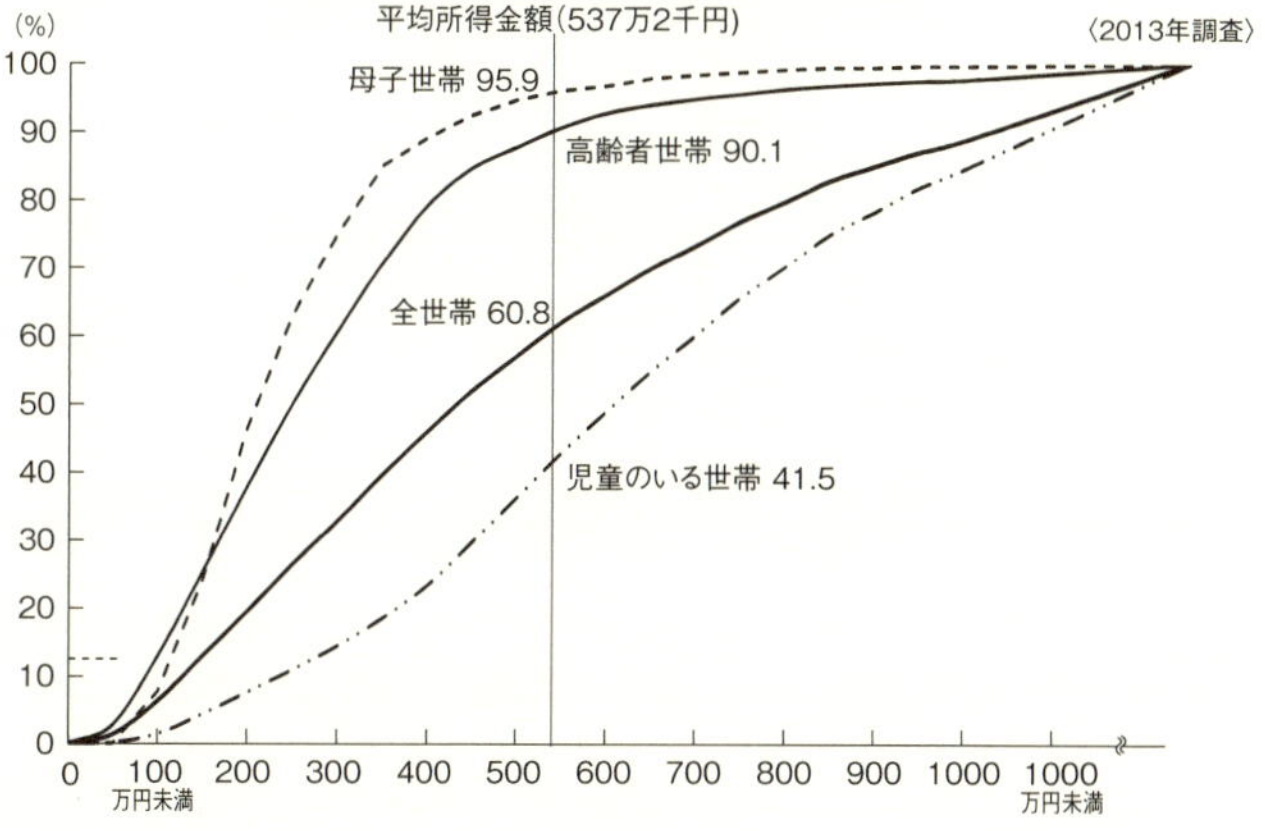

出典:2013年「国民生活基礎調査の概況」(厚生労働省)

現役世帯の平均所得の４割にしか満たず、子どもがいる他の世帯に比べて４００万円低い。彼女たちからは結婚前も、そして離婚してシングルマザーになってからも、スキルの高い、子どもも育てうる専門職に就けるチャンスが奪われてしまっている。

たとえ公立小中学校に入学させたとしても、義務教育であるにもかかわらず、学用品、運動靴、制服などのお金がかかる。母親たちは朝はコンビニ、昼はスーパーのレジ打ち、夜は水商売とダブル、トリプルで週にいくつも仕事を掛け持ちしていることも珍しくない。疲れ切った母親を見て進学を断念する子。離婚した父親からの養育費が途絶え、修学旅行をやめる子。「一度でいいからディズ

図表3-2 生活意識別にみた世帯数の構成割合

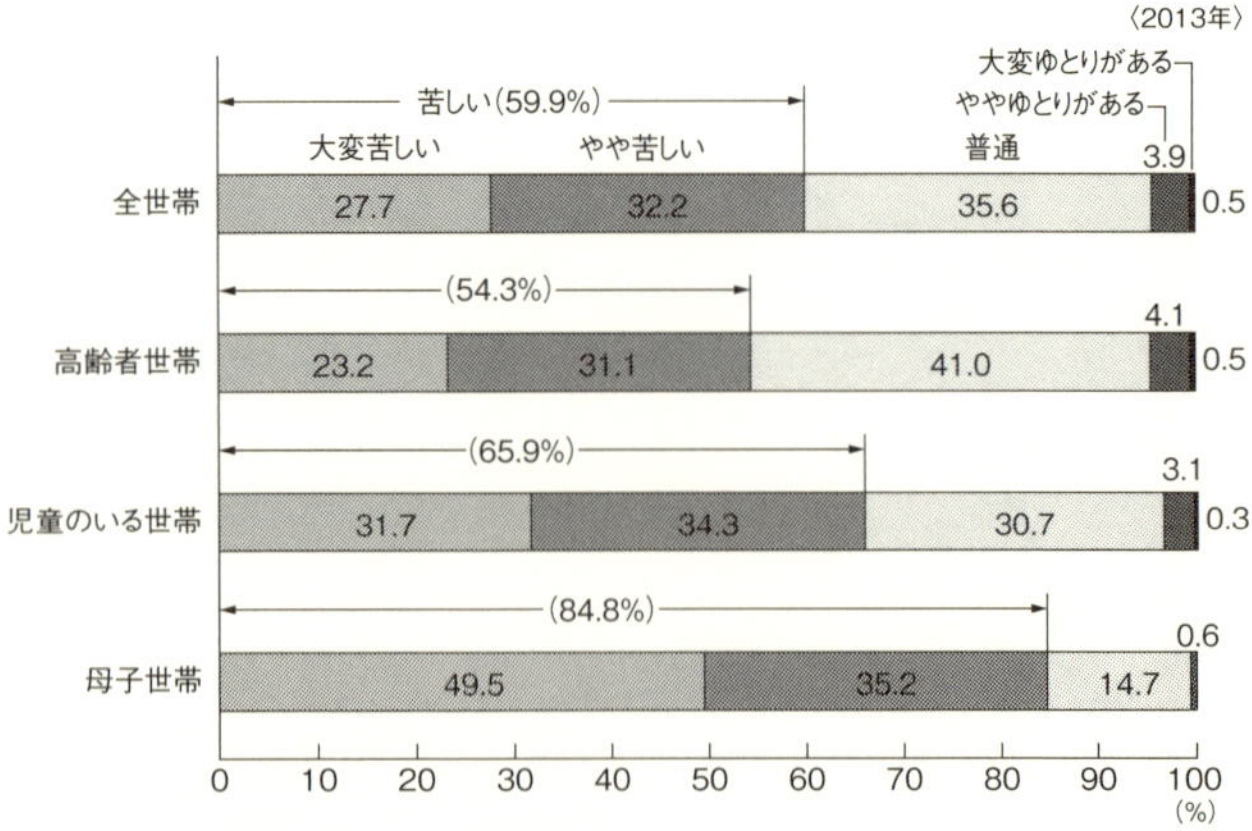

出典:2013年「国民生活基礎調査の概況」(厚生労働省)

ニーランドに行きたい」と、こども食堂に集まる子たちは口にする。「陸上部に入りたいから7000円のスパイクを買って」と言い出さなければ、親はとても助かると、子どもたちは知っているのだ。

公立学校は行事が多く、宿題が少なく、塾に行くことが前提となっていたりする。勉強についていけなくとも塾に行く余裕はない。シングルマザーからは、子どもの不登校に困っているという相談が大変に多い。その子は「怠けている」わけではないはずだ。

家庭の貧困は、もはや個人の問題ではない。将来の社会を担う子どもの選択肢と可能性を奪っているのだ。

〈事例2〉会社につけ入られた非正規40歳シングルマザーの絶望

「ご迷惑をかけて申し訳ありません」

大手ファミリーレストランの契約社員として働くシングルマザーの梨本しのぶさん（仮名・40歳）は、人事部長に頭を下げた。勤務中、棚からものを取ろうとして転び、近くにあった高温の油で左腕全体にやけどを負ったのだ。痕が残ってしまい、治療にはお金も時間もかかる。その後、どうやって生活していけばいいか、途方に暮れてほっとプラスへ相談に訪れた。「急に働けなくなって、会社にひどく迷惑をかけてしまって……」

猛烈に腹が立ってきた。

我慢が美徳という日本の道徳観は、家庭だけでなく、労働市場にも蔓延している。

雇用者と労働者は契約で結ばれた関係にあり、労働者が仕事上の理由で病気やけがをした際は雇用者側が療養費を負担し、労働者の休業期間を補償することが義務づけられている（労働基準法第75条【療養補償】、第76条【休業補償】）。たとえ雇用者側にその体力がなくとも、確実に補償が出せるよう国が設けたのが労災保険制度であり、従って、給付対象は、労働基準法が規定する労働者すべてである。正規・非正規にかかわらない。

交渉に出かけたが、

「彼女が働けなくなって迷惑しているのは、うちのほう」

「今まで一緒にやってきた仲間なのに、金を請求するなんて」

「法律では決まっていても、うちは例外です。慣例で、パートには労災は出ません」

と繰り返す。さらに、

「労災請求の履歴が残ると、将来の就職に影響が出るからやめたほうがいいですよ」

とまで梨本さんに教えて「あげて」いるのだった。

人を雇って会社を経営する人は、まず、労働法制を知っておくべきだ。もし、知っているうえで、知らないふりをして労働者を脅しているのなら許せないことだ。

働く側も権利意識をしっかり持ってほしい。パート、アルバイトに有給休暇があることすら知らない人もいる。「仲間なのに」と泣き落としで説得されてあきらめる人、「法律と慣例は別」というウソの説明にだまされる人、「将来の就職に影響が出る」という脅しで取り下げる人がいる。

長時間勤務で精神を病んだ社員の依頼では、ある会社と交渉した際、会社側の社会保険労務士からこう言われた。

「自分の気の弱さからメンタル疾患になったのに、会社の責任にするんですか。会社に迷惑をかけたうえに金を請求するなんて、非常識ですよ」

事実に基づき、労働ルールに則した解決を求めているのに、「迷惑」「裏切り」とモラルの話になってしまう。そもそも、事実に基づいて労災かどうかを決めるのに会社の思《おも》わくは関係がない。

梨本さんはもちろん労災保険が適用され、療養費が全額補償された。

「労災に入っていません」はウソ。労基法で武装せよ

このように、労働災害など労務上の問題解決について、知識を持たない経営者や人事担当者が増えている。本来なら団体交渉1回で解決というケースが、最近は弁護士や社会保険労務士が間に入って、問題を無駄にこじらせている。これも労働組合活動が低調になり、労組との交渉経験が減ったからだ。労働ルールに則《のっと》った交渉が企業にできなくなっている。

社員のけがや病気が業務上の「労働災害」であるかどうかを決めるのは、厚生労働省の組織の一つである労働基準監督署である。会社が「違う」と言い張ることはできない。だが、労働災害は、実際にかかった治療費や入院費を保険でまかなう制度のため、給付請求書を労基署に出す必要がある。このとき、「労災保険に加入していないから請求できない」「うちは赤字だから労災保険料を払っていない」等の理由をつけて、請求書類に会社が記入しない場合がある。

そうした説明はすべてウソであり、虚偽説明をした時点で、労災隠しの疑いがあることになる。労災隠しは労働安全衛生法違反事案であり、多くの場合、会社が書類送検され、企業イメージを大きく損なっていく。

使い倒すだけ使い倒そうとする企業に見切りをつけ、第4章で紹介する「協同労働」に

活路を見いだす若者、シニアも現れた。21世紀は、労働者が賢く働き、相互に支え合い、暮らす時代であってほしい。

〈事例3〉子どもの命を預かる保育士24歳の明るくない未来

事例1の上野さんがなりたがった美容師、または保育士や介護士の仕事は、比較的女性が就きやすく、高校卒業という、いわゆるノンキャリア組の女性の志望先としても現実的だ。職業訓練校などのサポートもある。

だが、保育士の働く現場は厳しい。

「結婚したいのですが、相手もそんなにお給料をもらっていないので、私がすぐ辞めるのは難しい。お給料を上げてもらうにはどう言えばいいんでしょうか」

専門学校で学び、資格を得て保育士になった女性のケース。双葉真奈美さん（仮名・24歳）が勤めているのは学習塾経営を本業とする株式会社。園には0歳児から5歳児まで計約100人の子どもがいる。週5日8時間労働で基本給は額面13万円。給食費など天引きされる項目も多い。4年経っても給料は全く上がらず、やりがいが持てなくなった。このままでは何も身につかないまま年を重ねてしまうので、給与を上げてもらって結婚資金を蓄えたい、という計画を立てたのだった。

　認可保育所には自治体運営の公立と、社会福祉法人や株式会社、学校法人、NPOなどが運営する私立とがある。自治体運営の場合は公務員になるが、賃金水準の低さで問題になっているのは、双葉さんが勤めているような、企業が運営する私立保育所だ。

　保育所を増やそうと、株式会社の保育参入が解禁されたのは2000年のこと。中小企業のビジネスチャンスを増やすためで、この年、病院の企業経営、貸切バス事業、そして地元商店街を守るため規制されていた大型チェーンの出店などが次々と自由化される。これらの業界で人件費ダンピングが始まった。

　国や自治体は、70%は人件費に行くことを想定して保育所に補助金を出すが、民間運営の保育所では、おおむね50%程度に抑えられてしまった。それ以上低すぎると保育士が集まらないので、ぎりぎりの線でバランスよく〝搾取〟する事例が相次いだ。

「風俗をやめたいのだけれど、次にどうすれば」と相談に訪れた女性に、風俗の前は何をしていたか尋ねると、保育士、介護士という答えが驚くほど多い。単に給料が安くて悩んでいるというよりは、このままでは事故を起こしてしまうと怯えていたり、何か起きる前に転職をと考えていたりする。

27歳のある保育士は、デリバリーヘルスの仕事を経験していた。平日が本業の保育士、残りの日がデリヘルで生活費を稼ぐ。残業代込みで保育士の給料が17〜18万円、1人暮らしで家賃がワンルーム6万円から7万円だ。保育士でキャリアをスタートさせてしまうと、つぶしが利かなくなってしまう。せっかく子どもが好きで保育士になったのに、それ1本で食べられない実態が残念でならない。

学校と違うのは、担任や学年主任といったポストもなく、昇進や昇給がほとんどないことだ。企業のような課長も係長もない。仕事が好きであっても給与や待遇面が劣っているため、働き続けることが困難であるといえる。専門職としての尊敬や優位性もシステムとしてみられない。

厚生労働省は、産後の復職を後押しする形で保育士の待遇改善に踏み切り、2017年4月から「副主任保育士」「専門リーダー」といった役職を勤続7年以上の中堅職員向けに新設することになった。月給に4万円を上乗せするほか、食育や保健衛生といった専門分野および組織マネジメントについてのリーダー研修を行うことも予定されている。

単に資格を取らせるだけではなく、その後の雇用も安定するように国が手当てを始めたことは歓迎したい。一般企業と同じ方法ではキャリアプランを描けないところで、どう国費を投入して人件費に振り向けさせるかは、仕組みそのものの改善が必要だろう。

双葉さんの場合は、セカンドキャリアとして看護師か准看護師の学校に行くことを決めた。子どもの世話をするのが好き、という気質が看護師で生かせればと思う。保育士よりは看護師のほうが需要もあり、社会的評価も高く、収入も安定していると彼女は考えている。

賃金を底上げするには、仕事の社会的評価を上げていく

少子化対策、待機児童対策に格闘する政府は、「1億総活躍社会」を目指して、約50万人の保育の受け皿を確保することを国民に約束した。2015年にスタートした子ども・子育て支援新制度においても、民間の保育士の給与を平均3％改善している。この機会に、いったん家庭に入った元保育士もぜひ復帰を、と市場は呼びかける。だが、やはりなり手は増えず、保育所の用地確保などの課題もあり、都市部の「保活」は過酷さを増している。認可外保育園ですら数十人のキャンセル待ちだ。

政府は保育の現場について熟知しているわけではない。子どもを預かる現場で何が足りないのか、なぜそんなにも魅力のない職場なのかを保育士自ら発信していくことも大切だ。そうして社会的評価を上げていくのが抜本的解決につながる。

「三つ子の魂百まで」ということわざがあるが、海外のほうが、3歳までの幼児教育、乳児教育を重視している。遠足、外遊び、砂遊びなど、自然に触れる機会を増やし、危なくないよう、豊かな体験ができるよう、大人がゆとりを持って一人ひとりとかかわっていく。そうした経験が、情緒や人格形成に結びつく。

銀行員の給料がある程度高いのは、常にお金を扱う職業上、横領がないようにということで張ったセーフティネットだ。子どもの発達を担う保育の現場も同じように考えてよいはずだし、それを堂々と主張してよいはずだ。

保育士の待遇改善を訴える署名活動＝群馬県高崎市のＪＲ高崎駅東口で（撮影・鈴木敦子）

〈事例4〉「学校に行きたい」転職チャンスを待つ28歳介護士の風俗サバイバル

超高齢社会に向けて、日本が立ち向かっていかなければいけないもう一つの問題が介護である。第4章でも紹介するが、2025年、団塊の世代のカタマリが後期高齢者に突入する。彼らが退職するときは「2000年問題」と騒がれたが、じきに「2025年ショック」が待ち受ける。

だが、介護業界は活況を呈していない。2000年に始まった介護保険は、施設運営を民間に渡した時点で無理があった。

ほっとプラスを訪れた介護職女性、田代祥子さん（仮名・28歳）は、福祉専門学校を卒業後、埼玉県内の介護施設で働いている。賃金は額面で月約16万円。ワンルームマンションに住み、車の維持費を払うと残りは10万円弱。施設と相談して勤務は昼だけにしている。

週に数回、東京・池袋の風俗店で働き、お金を貯めてセカンドキャリアを狙おうという計画である。行政書士資格を取るための学校に行きたいと張り切っていた。そもそも賃金が低い介護施設で夜間勤務や宿直をするより、風俗店で働くほうがはるかに稼げる。待機時間を含めても、週2〜3回で月13〜14万円だ。毎月6〜7万円を貯蓄に回し、転身のタイミングを計っている。とても賢く、冷静に、自分のサバイバルを考えている女性だった。

保育士、介護士からの相談の多くが風俗の仕事絡みである。風俗やセックスワークがいけない仕事だというつもりはない。他の仕事でも同じだが、ダブルワークをせざるをえない環境があるという事実が問題だ。美容業界、飲食業界も多い。高校を卒業して働く中小企業の事務職女性も同じだ。低賃金労働から抜け出るために、いったんは求人の多い介護士になり、夜は風俗でセカンドキャリアのための資金を稼ぎ、貯まったところで学校に入り直す。大学という手もあるだろう。

風俗で副業なんて、と批判することはできない。最後のセーフティネットが外されれば、介護では食べることもできなくなってしまうからだ。

だが、こんな声も現場からあがっている。

「7年勤めて昇進も昇給もなし。ついでに展望もない。副業でも競争相手が増えて、しかも27歳なのでお客さんがつかなくなってきた。風俗でも食べられなくなりつつあります」

給与は残業代込みで約18万円。週2回風俗で働き、生活費にあてている。

27歳でもう食べられないのか、と驚くかもしれないが、実は風俗業界に女子大生や若年層の女性が「参入」してきて、彼女たちの副業を「脅かす」状況も生まれている。

生活苦にあえぐ女子大生が風俗嬢に

大学生が風俗でアルバイトをするのは、単純な話、学生生活を送るお金が足りないからだ。少子化によって大学志願者は減り、受験料で稼げなくなった大学は値上げで持ちこたえている。1969年と比べ、大学授業料は44〜45倍値上がりした。親が出せるのは学資が精一杯で、家賃、電話代、学用品、パソコンといった学生生活に必要なお金は学生が稼ぐ。海外留学したい、資格を取ってスキルアップしたいと真面目に考える学生の中には、風俗に流れ、効率よく稼いで勉強時間を確保しようとする者もいる。

現在、大学生や専門学校生に奨学金を貸与しているのは、独立行政法人の日本学生支援機構（旧日本育英会）である。その「概要2015」によると、奨学金の貸与者は計134万人、貸与金額は1兆1000億円である（いずれも2013年度実績）。有利子貸与の第2種奨学金貸与者は約87万7000人、総額は約7966億円だ（2015年度実績）。

学力基準等の条件がゆるい代わりに利息がついてしまう第2種奨学金は、学部生の場合、貸与月額は3万円、5万円、8万円、10万円、12万円と5コースもある。最高の月額12万円を48カ月間借りた場合、卒業時点で614万円（利率の平均0・63%で計算）、上限利率3％の場合は775万円に膨らむ。卒業したら毎月2〜3万円を20年かけて返す。返済が滞ると、個人情報を信用情報機関に登録され、リストに載る。苦学生支援というよりは「教育ローン」だ。事実、第2種奨学金の財源の47％は、民間金融機関からの借り入れである。学生たちは金融業の「客」になってしまった。

私が教えている学生たちも、200万円から500万円を普通に借りている。特に就職活動は物入りだ。そうして社会人になって数カ月後からもう督促が始まる。ブラック企業しか就職先が見つからなかった学生にも、そこは「公平」だ。20年以上かけて返済するのだから、人生航路も変わる。何らかの事情で子どもを抱えてシングルになった女性は、減額返済などの申請を使うか、できなければ自己破産などの債務処理だ。20代前半で数百万円の借金とは、結婚にも出産にも大きく影響するだろう。

そんなことになるくらいだったら、割り切って、在学中から風俗で稼ぐ。卒業してから慌てても、年齢的に価値が下がってしまっていると、彼女たちは知っている。きれいごとを言うゆとりも、もう日本には残されていないようだ。

優遇手当なし。シングルのまま年を重ねる女性たちの不安

貧困は特定の世代だけの問題ではないが、弱い立場の若者が置かれている状況を今変えておかないと、若者の下流状態は固定化されてしまう。若者の活気がない社会は、未来にも暗く重苦しい影を落としていく。

まともに奨学金を借りて、借金で火だるまになってしまう女子学生は、社会人経験を積みたいとは思っているが、それも20代までで、結婚したら家庭に入り子育てに専念したい、という希望も語る。大学教育を受けた彼女たちは、結婚以外の道もあるはずだが、奨学金も返さなくてはならない場

図表3-3 年齢・階級別非正規の職員・従業員の内訳（2015年）

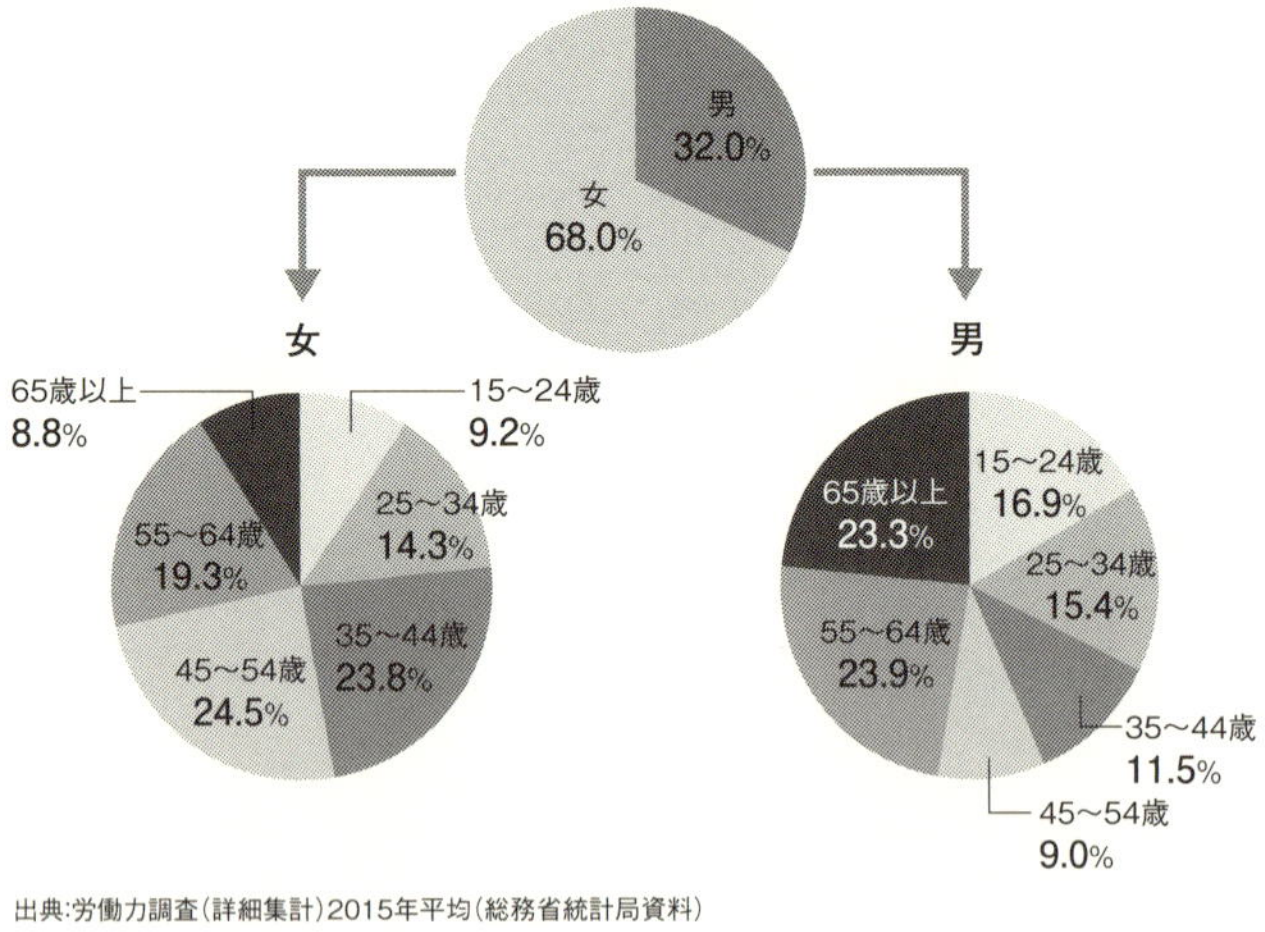

出典:労働力調査（詳細集計）2015年平均（総務省統計局資料）

合、どうしても安定職の男性との結婚や自身の安定職を望む。だが、誰もがそうした男性と結婚できるとは限らない。

「失われた20年」の間に未婚率は上昇を続けている。35～44歳の働く未婚女性の4割近くは、非正規雇用であり、保険などの福利厚生も不十分だ。

企業の非正規労働者の割合は年々上昇しているが、特に女性の非正規率は15～24歳が9・2％、25～34歳が14・3％、35～44歳が23・8％、45～54歳が24・5％、55～64歳が19・3％である。男性の35～44歳が11・5％、45～54歳が9％と比べても、異常ともいえる高さだろう（2015年「総務省労働力調査」）。しかも、女性は一度キャリア形成に失敗すると、40歳以降、ほとんど20代、30代と変わらない給与で暮らさなければならない。日本の社会保障は、いまだに女性が結婚することを前提としているからだ。

〈事例5〉レジ打ち20年。中《ちゅう》の下《げ》女子の「何となく貧困」のリアル

「このまま行くと、私の老後はどうなるんでしょうか……」

前著『下流老人』を読んだというシングル女性、夏井明美さん（仮名・43歳）からメールが届いたのは、本を出して少し経ったころのことだった。アパートで1人暮らしをして

いて、両親は東北にいる。祖父母の介護で両親は手一杯、夏井さんは20年以上、スーパーでレジ打ちをして働いてきた。フルタイム勤務だから厚生年金には入れているが、休業補償等は受けられない環境にいるとのことだ。年末やお盆の月は14万円前後、かきいれ時でも18万円前後という月収。そこから共益費込みの家賃6万5000円を払う。田舎の両親が野菜や魚を送ってくれるのでずいぶん助かっているという。また、働き始めたときより時給も10円ずつ上がり、それで「だいぶ楽になった」ということだった。メールのやりとりの後、電話で話を聞いた。

「風邪を引いて寝ているときなど、ふと、このまま死んでいくのではないかと思うんです。だんだん小さくなって、消えていくような……。でも、誰も気づかないでしょうね。友人も、前はいたんですけど、もう結婚して子どももいるので、連絡は取ってないですねぇ」

娘に手作りの野菜や魚を送ることは、ご両親の励みにはなっているのだろう。だが、両親以外に、彼女を必要としてくれる人はいない（少なくとも彼女は感じていない）。レジ打ちも、代わりの人がいくらでもいると思っている。自分の存在を透明のように感じていた。

シングルマザーは、もし本人が倒れれば子どもも倒れる。プレッシャーが本人を追い詰めていくが、何のプレッシャーもない、これといった役割を与えられていない人生もまた、底が抜けたような孤独ではないだろうか。

　高校を卒業しただけのノンキャリア女子は、かつては結婚という出口で自分のポジションを見いだした。実際、夏井さん自身も、レジ打ちのバイトをずっと続けるつもりはなかった。団塊ジュニア世代で、卒業時はバブル崩壊が始まった１９９１年３月にあたっている。20代、30代は婚活もし、男性と交際したこともあった。

「レジ打ち＝主婦の気楽なパート」と思っている人は今も多い。夏井さんは、家計の補填として日に数時間こなすことのみ想定されていた仕事を、「本業」にするしかなくなった数多いケースの一人である。時給９００円台で、キャリアを積むわけでもなくスーパーを

図表3-4 生涯未婚率の推移（将来推計含む）

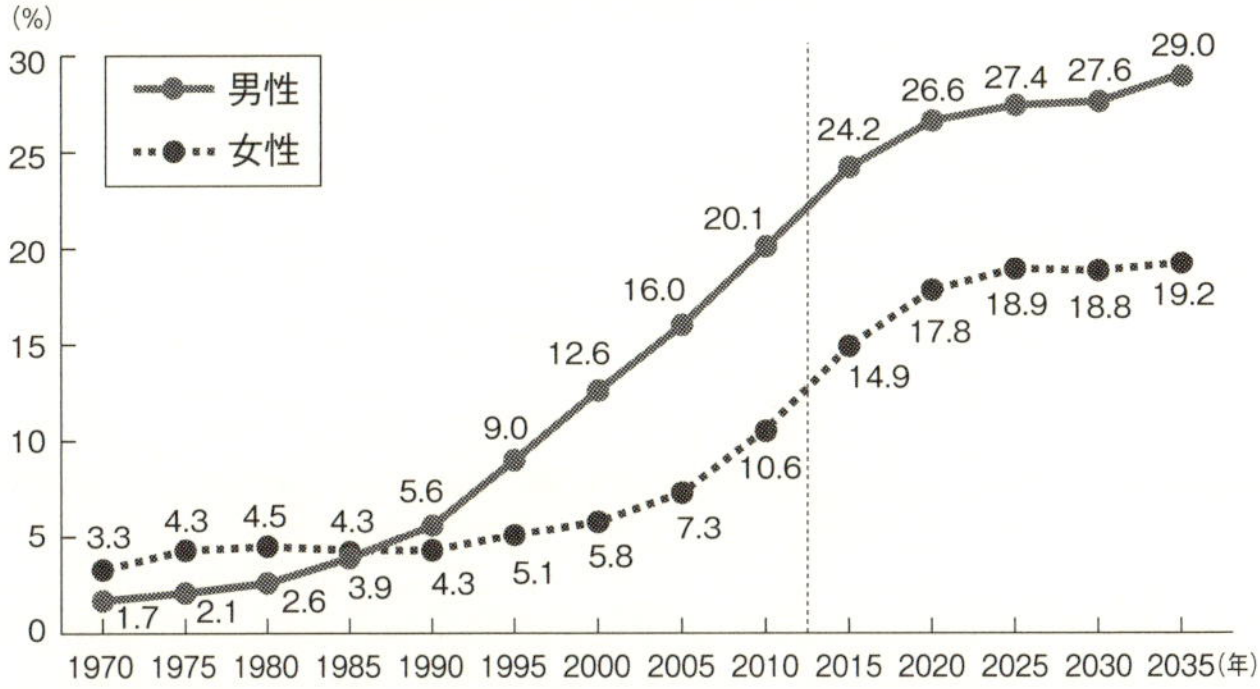

資料:国立社会保障・人口問題研究所「人口統計資料集（2015年版）」、「日本の世帯数の将来推計（全国推計2013年1月推計）」
（注）生涯未婚率とは、50歳時点で一度も結婚をしたことのない人の割合。2010年までは「人口統計資料集（2015年版）」、2015年以降は「日本の世帯数の将来推計」より、45〜49歳の未婚率と50〜54歳の未婚率の平均である。
出典:2015年版厚生労働白書—人口減少社会を考える—

渡り歩き、真面目に働いて家賃も税も払い続ける中年シングルは、都会でも地方でも、もう珍しくない。

「やっぱり、何か資格を取って、違う仕事をしたほうがいいんでしょうか」

話を聞いているうち、夏井さんが心配しているのは、実は「老後」などではなく、「今」だと思った。貧困ラインすれすれであり、資格を取ろうにも、学校に行くほどの貯金はない。いざとなれば親元に帰れるため、生活保護などの社会保障を利用することは想定外だ。それでいていったん働けなくなった場合を考えると、生活保護予備軍である。

「将来の話だけはタブー」とする親子団欒《だんらん》

仕事もあるし、食べるのにも困っていない。年収も200万円台に踏みとどまっているし、「下」には落ちていない――本人たちがそう思っている限り、こうした「プレ貧困」が浮上することはない。ところが、ふとした病気がもとで退職し、家賃が払えなくなって追い詰められ、事件性が浮上して初めて社会問題になる。

ほっとプラスにかかってくる相談電話は、当事者以外からのものもある。30代で未婚の娘がいる60代のお父さん、お母さんからの相談もある。家賃が払えず、実家に戻ってきた娘と暮らす父親。娘は月10万円のパートワークだ。実家にいれば、風呂も入れ、食費も家賃も要らない。また、うつ病で働けなくなった38歳の娘を、遺族年金で支える68歳のお母さんもいる。月12万円では暮らせないとお母さんが役所へ相談に行ったが、持ち家と自動車がネックになり、生活保護は受給できなかったという。

「私が倒れたら、娘は自立できるんでしょうか」

相談内容は少しずつ違うが、共通しているのは、同居できるくらいなのだから家族仲が悪くないことと、親子の会話もあるということだ。ただ、「将来の話だけは避けている」という。

最後のセーフティネット「刑務所」に女性が激増

男性ならホームレスという最後の手段があるが、女性は野宿もできないという見方もある。どれだけ落ちても、女性のホームレスはほとんどいないから、男性よりはマシ――とは、一概に言えない。住宅費負担の軽い公営住宅は、低所得であることが条件であり、母子・多子家庭が優先である。母子・多子家庭が優先なのは理解できるが、離職も失業も離婚もせず、非正規で働き続けるシングル女性は、何の制度もなく、社会福祉からみれば、放りだされたも同然となっている。

2015年度犯罪白書によれば、65歳以上の高齢者の入所受刑者人員は、総数および女子ともにここ20年でほぼ一貫して増加している。2014年は1995年と比べて総数で約4・6倍に、女子では約16倍に激増した。そして、女子の場合、罪名の9割が窃盗、うち8割が万引きだ。

かつて中流だった人たちが「下の上」まで落ち、救済を得られない状況が広がっている。崖っぷちで踏みとどまる苛烈な状況下、何をどう変えればいいか、私たち全員が考えていかなければならないときだろう。

ここで、男女共同参画センター横浜が15〜39歳のシングル女性を対象に行っている、働きづらさに悩む「ガールズサポート」事業について紹介しておきたい。

単価の高い仕事に就けるスキルをどう身につけるかが重要視されることは言うまでもなく、そのためにも職業訓練を行う。ただ、勉強できる環境に恵まれなかったこと、底辺校にしか進学できなかったことで、勉強にトラウマを持つ人もいる。同センターでは、自信を取り戻させる心理プログラムも取り入れているので、一部紹介したい。

・緊張をほぐし、人に向かって声を出す。
・手を当てる、握るなどのスキンシップをする。
・数人で料理を作るなど、グループワークをし、自分の役割が大切であることを認識する。
・自分を好きになれるよう、本当に合うメイクをレッスンする。
・人の話を聞く。

人が話し始めたら、否定せず、口も挟まず、ただ聞くということも、相手の自信を取り戻させることになる、としている。自分の自信を取り戻させてくれた人とのつながりもできるだろう。

〈事例6〉奨学金返済中、年収200万円博士号女性の夢は「任期なし常勤」

男性が非正規になり、高度成長期のように妻子を養うことができなくなったことを先述したが、バブル期には逆のパターンもあった。たとえば、ミュージシャンになりたいボーイフレンドを、稼げる女性が援助するというような暮らし方である。女性が稼ぎ手となって、男性が扶養に入る「主夫」も、今ではモラル的には問題なく受け入れられる。だが、それができる女性はわずかで、2人とも夢を追って非正規、合わせて収入が20万円にも満たないというケースがある。先日受けた相談では、33歳のボーイフレンドと36歳の女性だった。夢をあきらめたらとも言いにくく、働いたらといっても、どこに音楽の就職口があるのか。「それこそ本人の勝手だ、勝手にしろ」と言われそうだが、実はここにも社会が見過ごした落とし穴がある。

キャリア形成の失敗にしても、本人の不勉強ではなく、社会が絶望を生む場合もあるのだ。有名大学の大学院で博士号を取得した女性研究者、有吉みのりさん（仮名・38歳）の毎日は忙しい。フルタイム教員の「常勤講師」「専任講師」なら、任期もなく、ずっと大学で研究を続けられる。論文を発表し実績を積めば、准教授や教授に昇進することも可能だ。だが、有吉さんは3年の任期付き講師だ。1コマ5000円から1万円で授業を請け負う。大学院修了時点で奨学金計1100万円を借りていたため、月々3万円強の返済もある。そこで、5校の非常勤講師を掛け持ちすることになった。研究の成果となる原稿執筆や講演料といった「雑収入」を加えて、年収は約200万円程度。専任と非常勤の収入格差は事実上3〜5倍もある。

男性は専任講師になってから女子学生や教え子と結婚したりするが、女性は結婚すると研究の第一線から外されやすいことはすでに報告されている。大学でも、「女性は結婚したら家庭に入る」のが前提なのだ。わざわざ「女性活躍」を言わなければいけないこの国では、ジェンダーギャップ指数は世界144カ国中111位（2016年10月26日世界経済フォーラム発表）と、2015年より10下がった。

東北大や早慶など、国内の研究活動を引っ張る主要11大学を対象とした文部科学省の「大学教員の雇用状況に関する調査」（2015年3月公表）によると、有吉さんのような「非正規」にあたる任期付き教員数が6年間で計4286人も増え、2013年度の任期付き教員の割合は実に39％（2007年は27％）。一方、任期のない教員は1428人も減った。

高学歴ワーキングプアの急増はアカデミズムの危機

少子化の中、大学間の競争は激化した。有吉さんの専門は宗教史という、文系の中でもかなりニッチな分野である。2010年代の人気は医療・医学系、次いで看護・福祉系が続き、理高文低だ。わずかな文系ポストは争奪戦になり、常勤・任期なしを探し続けるうちに38歳になった。もはや一般企業への就職も難しい。

「私もいつまで今のような働き方ができるのか、将来を考えると不安しかありません。いつかは夢をあきらめなければならない日が来るかもしれませんが、それまではもう少しがんばってみようと思います」と、有吉さんは語る。

学問を取り巻く環境が激変したことで、ポストと財源が減り、研究職を目指す人たちが行き場を失った。非常勤でも食べていくことはできるが、細切れのような毎日で、研究を深めていくことはできない。基礎研究もおぼつかないまま50代になった非常勤講師が私の身近にもいる。イノベーションを起こすには研究職がもっと必要だが、実用主義的な理系が重用され、文系は厳しい。

劇作家の平田オリザさんと対談したとき、観劇の余裕がなく、YouTubeで見ただけで芝居を「観た」ことにする今、演劇の文化は将来衰退するだろうと言っておられたのが印象的だった。演劇は総合芸術だが、地方に行くと劇場も美術館もブティックも少なくなり、書店のない地域もある。インターネットで画像は検索できるが、生で体験する機会は減る。機会があっても、オペラの特等席は何万円もする。人間の心を揺さぶる哲学、音楽、教養、ファッションが生活の中から薄まっていき、興味を持つ者も減って、大学で学ぶ機会も減っていく。実利的な理系だけでなく、教養も含めて、学問はすべて意味があるはずだ。

ゆとりを奪う「住宅費重圧」のカラクリ

すべての根幹は、社会保障の不備にある。

「この国には何でもある。（中略）だが、希望だけがない」（『希望の国のエクソダス』）の「何でも」は、電話や電気といった生活インフラや道路にあたると思う。どこに行っても下水道まで整備されている日本は素晴らしい国だ。

これにはゼネコンや建設、不動産業界への政治介入がある。特に、持ち家政策を推進してきた日本では、国民に「マイホームを買うことが幸福」と思わせてきた。返済できるかどうかは別として、誰もが銀行から多額の借金をしてローンを組み、家を買う。建設ラッシュは、建設業界や不動産業界、銀行や金融業界を沸かせてきた。そこで働く人々をも苦しめながら経済成長を支えてきた、「日本型経済成長モデル」の一端である。一方で、住宅を購入しない場合、購入できない場合には民間賃貸住宅を借りるシステムがあり、二者択一だった。

日本は北欧などと比べて、公営住宅の数が極端に少ない。本来は公営住宅程度の家賃くらいしか負担できないのに、無理にローンを組まされるか、高い賃貸住宅を押しつけられている。比較的収入の安定している正規社員でも、月給24万円のうちローン返済が10～

12万円と、約半分が住宅費に持っていかれる場合も珍しくない。

貯蓄ができなくて当然だし、観劇にも行かずコンサートどころでもなく、家のために健康をないがしろにして働いている。楽しみを求める人を「贅沢」、倒れた人を「不摂生」、ホームレスを「怠けていたからね」とバッシングする土壌がそもそもあるのだ。

そうまでしてがんばって家を買っても、日本の住宅は耐用年数が短く、老後は老朽化してリフォームが一定期間ごとに必要になる。頻発する地震で火が出れば、マイホームが灰《かい》燼《じん》に帰《き》す。正社員も非正規も関係なく、こういうところは「公平に」大変なのだ。そこまで資金がない貧困層は、親の実家に同居するが、結果的に老親の年金を食いつぶしてしまう。

もし、住宅費が公営住宅の毎月約1~3万円程度だったらどうだろうか。

節約にばかり励まなくて済む。趣味が楽しめる、結婚もできる……など、具体的な希望が浮かんでくるのではないか。これまで支援してきた高齢者からも、「住宅だけでも支給してくれたら助かるのに」といった声をずいぶん聞いた。住宅、医療、介護など、必要な支援を「手当」として分離支給すれば、ずいぶん使いやすくなるはずだ。あるいは生活保護制度に準拠して、各扶助を手当化した新制度の検討も必要だろう。いずれにしても救貧制度が漫然と機能しないという現状が続いてはならない。

沖縄の最低賃金は693円という低さなのに出生率が1・94人と全国トップを行くのは、海や街にお金のかからない遊びがたくさんあり、生活費もかからないからだ。結婚や出産も同じこと。家賃が高い都道府県ほど出生率が低いという相関関係にある。加えて教育の無償化があれば、消費も好転していくはずである。奨学金という名の借金をせずに済み、研究を続けられる。社会を前に進め、感動を生む文化を作れる。社会保障の充実は、目に見えないゆとりと、目に見えない社会の利益を生み出すことにつながる。

物価も上がっている。さして贅沢しているわけでもないのにかつかつで暮らさなければならないのは、交通費や水道光熱費、教育費、パソコンや携帯電話料金といったトータルの生活費が、日本はべらぼうに高いからだ。本来なら貯蓄に回せる分を燃費の悪い車並みに日々食いつぶしてしまっており、老後はゆるやかに貧困の渦の中に巻き込まれていく。渦は最新の洗濯機並みに静かで音も立たないため、貧困が迫っていることを当事者が切実に感じることは少ない。

提言
3
福祉の「脱商品化」を目指す

現代日本は、建設業界と不動産業界と銀行がタッグを組んで発展させてきた。その分配がうまくいっていない。「食べる」「寝る」「住む」「着る」「遊ぶ」など、社会保障をもっと多様に捉え、社会資本への投資や整備に予算を投下していかなければならない。

たとえば、公営住宅や社会住宅を国が整備できないだろうか。日本が潤っていたころは、企業が社員寮を用意して、住宅だけは保障していた。

あるいは、欧州のように「家賃補助制度」を導入できないだろうか。

大学の学費や塾代など、教育費負担を軽減できないだろうか。

日本は戦後からずっと、高齢者・障害者・母子・児童・失業者など一定の枠組みにカテゴライズされた対象へ、ぎこちないながらも支援を行ってきた。これらのカテゴリーの人々を含みつつ、「収入15万円以下」「独身は対象外」「車を持っていない」といった条件をつけるやり方を改めてはどうか。

欧州や北欧では、すでに、誰もが普遍的に助かるような社会保障に転換した国々も珍しくない。優先順位は必要だが、たとえばフランスは家賃補助制度を設け、公的な低家賃住宅も整備している。資産家や企業が持つ不動産を提供してもらい、見返りとして税制で優遇する制度も設けている。仕事を探すのも、子育てするのも、まず家がなければ始まらないという「住宅ファースト（ハウジング・ファースト）」の考え方だ。住まいを提供することで、若者は親元から離れて「世帯」も作る。それにより、親は安心して、年金を自分たちの生活に回せる。人間を地に根付かせるには、最低限の住まいを社会保障で用意するのが最も有効だ。

家というとお金を出せば買えるイメージがあるが、学校に行き友達と遊ぶ「ふるさと」を保障しようというのが住宅ファーストなのである。そうして生活が安定し、家が癒やされる場になれば、子どもも自然と増えていく。

何が大切かは国にもよるだろう。引き続きフランスの例を述べれば、「文化権」を社会保障の範疇に入れている。子どもを3人以上持つ親は、文化施設の入場料が割引されたり、親が1人で利用するときも適用されたりする。演劇や美術、音楽といった文化に、触れる機会を失わないようにしているのだ。

少子化に向かう日本では、大規模公団はもう要らない。この国には空き家や空き室が820万戸もあるという（総務省調査）。人口は減っているのに世帯（家）が増えているというういびつな状態だ。国土交通省はついに、2017年度予算の概算要求に、改築や耐震化といった、実際に住めるようにするための具体的費用を盛り込んだ。

地域の実情に応じて、自治体が柔軟に従来の住宅政策を変更しながら、住める家をどんどん増やしていくのが望ましい。

今の企業の財務諸表や株主配当の割合を見ても、ダンピングによって人件費を削り、株主配当に回して、利益があるように見せかけてやっと事業を維持している。人件費ダンピングをやめる気がないならば、低賃金でも暮らせるよう、これまで企業がやってきた福利厚生を、国が肩代わりするしかないだろう。企業が手放してしまった社宅も、家賃補助制度も、どこかで復活したいものだ。家賃が10万以上かかっていたものを1～2万円で支給するようなことがまたできれば、可処分所得は毎月10万円程度アップしたことになる。

ひとことでいえば、貯金がなくても、シングルでも、年金が少なくとも、まともに暮らせるようにするべきだ。

民間ではなく国が福祉の財源を確保しようというと、必ず消費税の話になるが、他の税制を含めて幅広い議論を展開していきたい。累進課税を強め、誰もが税を払うようにし、福祉や教育費、人間が生きていくうえで最小限必要な、住居費や水道光熱費といったインフラに回す。低所得者層や中間層も含めて税をみんなが払い、みんなに返ってくるという仕組みが必要だろう。

少子高齢化に歯止めがかからなければ、右肩下がりの成長が続き、どれだけ働いても、中間層が落ちていく社会になってしまう。底を打つ前に、生活に必要な支出については、「脱商品化」して支出を減らす社会にしていかなければならない。それができなければ、空き家を修復するとか教育投資どころの話ではない。日本はもはや社会の至るところに穴が開いているも同然なのだ。勝負は、持って10年というところではないか。

日本人の預貯金は2人以上の世帯で平均1078万円、前回の1209万円より減少してしまったが（2016年財務省発表　家計の金融行動に関する世論調査〈2人以上世帯調査〉）、それでも世界トップクラスであり、税を払える余地はまだ残っている。老後資産は「3000万円は必要」といったマスコミ報道は、医療や住宅補助などの社会保障をあてにしていない状況での想定だ。不安を煽るより、運用に失敗して失ったり、外国人投資家に「寄付」したりするよりは、税を取ってください、そのお金で日本を立て直してください、という考え方に切り替えるときだ。富裕層や大企業に「払え」というだけでなく、「私も払っているんだから、あなたも払ってください」と。

税を払いたくないという国民が多ければ多いほど、社会保障はよくならない。さらに、サバイバルや冒険が怖いから経済成長に必要だとされているイノベーションも起こらないだろう。私は国民を「ケチだ」と批判しているわけではない。税の値上げに反対し、1000万円もため込む国民性に育ててしまった責任は、使いもしない年金施設など箱モノを建てて大損し、国民の信頼を失わせてしまった政府にもある。これからは、「誰のせい」と責めるのではなく、どうすれば分裂せずに人々が支え合えるかを考えていくときだろう。

なお、このうえ女性や高齢者を優遇させれば男性の給与が下がるといった、パイの奪い合いでは意味がない。若者対高齢者、男対女、健康な人対不健康な人で優遇策を奪い合う対立構造は経済を冷え込ませてしまう。誰もがいつか高齢者になるし、男も女も（もちろんＬＧＢＴを含め、性的マイノリティも）幸福にならなければ、夫婦のどちらかが艱難辛苦ということになり、それでは子どもも不幸である。私たちが目指すのは、誰もが幸福になれる社会だ。

貧困は個人レベルで対処できるような生易しい「敵」ではない。全国民が向き合うべき、巨大で手ごわい「敵」である。「敵」は、階層の違う人々も、年代の異なる人も、一丸にまとめてくれる。ぜひ、全国民を巻き込んだ議論をお願いしたい。

第4章

老人の貧困

65歳以上の人口が占める「高齢化率」は、日本は1970年に7％を超えて「高齢化社会」となり、1994年には14％を超え「高齢社会」に、そして2007年には21％を超えて「超高齢社会」に突入した（高齢化の定義は世界保健機構WHOによる）。

貧困ラインは1人暮らしで年間所得122万円、2人暮らしだと170万円であり、それ以下で暮らす65歳以上の高齢者が18％（相対的貧困率）だ。1人暮らしだと貧困率は4～5割という数字もあり、少なく見積もっても、約700万人の高齢者が生活保護基準、もしくは基準以下で生活していることになる。

第1章から第3章までの世代が働いても貧しい「ワーキングプア」なら、この世代は、これまでずっと働いてきて、貯金もしてきたのに貧しい、「ワーキング＆セービングプア／食いつぶしプア」なのだ。高齢者の生活が困窮していくことは、消費の衰退だけでなく、日本人がこれまで大切に育んできた文化も先細りにしていく。どうすれば食い止められるのか、政府が打つ数々の策は実は逆効果ではないかという危惧も含めて、考察していく。

〈事例1〉公園に置き去りにされた認知症の男性、「山田太郎」と名づけられ施設へ

認知症の老親を道づれにした介護殺人が後を絶たない。中には、生活保護を申請し、せっ

かく受給が決まったのに、それから心中する家族もある。世間の理解と同情は深い。だが、たとえ発見されて生き残り、裁判で執行猶予の判決を受けたとしても、罪の意識を一生背負っていくことになるだろう。

これまで、捨てられた老親を何度となく保護してきた。公園や道端は、現代の「姥《うば》捨て山」ともいえる。

ある冬の日には、高齢の男性が児童公園のベンチで動けなくなっているのを地元の民生委員と一緒に保護したことを覚えている。身ぎれいで、ほんの数日前まで誰かの介護を受けていたのは明らかだった。認知症を患っていたりすると、名前も、住所も言えない。それをわかっていて身内が置き去りにする。

本人が「山……」とだけ答えていたので、「山田太郎さん」と仮の名前をつけられて福祉課で保護され、養護老人ホームに引き継がれた。

路上を行く人に、「私は誰でしょう」と話しかけ続けて、「どうも様子がおかしい」と通報された例もある。

川崎市で見つかった男性は「川崎一郎さん」と名づけた。発見場所は病院の前だった。こうした例が全国で相次ぐ。支え、介護してきた家族が、とうとう重荷を背負い切れなくなり、最終手段に出たのだろう。

老人ポストの衝撃

2000年に介護保険ができ、社会で高齢者を介護する仕組みが生まれた。しかし、本人が施設に入るのを嫌がり、家族に世話を焼いてもらいたがることもある。家族が介護を背負い込まざるをえないケースは今もたくさんあり、そこで経済的、精神的に追い詰められたら、家族は自分たちが生きるために高齢者を捨てざるをえないのだ。

私たちは、「どうしても捨てなくてはいけないのなら、合法的に手放してください。私たちのNPOや行政、相談機関に問い合わせていただければ、必要な支援を行います。とにかくお年寄りを路上に放置しないでください」と言い続けてきた。

先日も、50代の女性が相談に来た。両親の介護のために離職して面倒を見ていたが、母親が亡くなり、父親の認知症が進行した。88歳、排泄や入浴などがほとんど1人でできない要介護度4に、暴力も加わった。父は娘を妻と間違えて、体に触れてくる。しかも、娘の介護しか受けないと言い張り、施設や介護士の世話を拒んでいた。

「もう公園にでも捨ててしまいたい。もしかしたら刺しちゃうかもしれない、もうこれ以上は無理なんです」

山田太郎さんも、こういう経緯で捨てられたのだろうか。しかし、捨てないでいてくれてよかった。

「本当にこれまでよくやってきましたね。よくやりましたね」

声をかけたとたん、女性は大声で泣きだした。よほどつらかったのだろう。

私たちが手続きをして、父親を特別養護老人ホームに入居させ、女性はうつ病の治療を受けることになった。第三者の介入がなければ、心中事件になっていてもおかしくなかっただろう。

失われた20年が過ぎ、団塊ジュニア世代が40代になり、彼らの親世代が後期高齢者にさしかかろうとしている。高齢者の18％は相対的に貧困状態で、16・8％は貯蓄ゼロ世帯だ。高齢者と若者世代が共倒れしかねない社会が始まろうとしている。お互いを支え合う新たな仕組みを構築しないと、あちこちに「合法的な」老人ポストが作られることになる。

踊る東京五輪後に訪れる「2025年問題」

私が2015年6月に『下流老人 一億総老後崩壊の衝撃』（朝日新聞出版）を出版した

のは、日本に「下流老人」が大量に生まれている惨状を福祉の現場から伝えたかったからである。メディアにも取り上げていただき、新聞や週刊誌も相次いで報道し、インパクトのある番組も繰り返し流れた。家族も貯蓄も失い、途方に暮れる老人たちである。「下流老人」は2015年の新語・流行語大賞にもノミネートされた。

こうしたことから、「お年寄りは悠々自適のイメージがあったのに」「高齢者は金持ちだと思っていました」といった声が次々あがった。本のレビューにも「意外」といった言葉が目につく。だが、内閣府は「2012年版男女共同参画白書」の「第1節 高齢男女をめぐる状況等」で、65歳以上の相対的貧困率は、男性単身者では28・7%、女性単身者に至っては46・6%と発表している（厚生労働省「2010年 国民生活基礎調査」をもとに、男女共同参画会議基本問題・影響調査専門調査会女性と経済ワーキング・グループ（阿部彩委員）による特別集計より）。多くの研究者にとっては、高齢者の貧困問題は顕著であり、すでに有名な内容であった。

新語・流行語大賞候補になる5年も前から、高齢者3200万人のうち、およそ6人に1人は困窮していた。スーパーのレジで、賞味期限寸前の食品をかごに入れて並ぶ老人。ゴミ屋敷で暮らし悪臭を漂わせている「噂の独居老人」など、あなたの周囲にもいなかっただろうか。たとえ見ていても、「老人は金持ちだと思っていました」と言わせてしまう。「ああはなりたくない」と見て見ぬふりをしていたのかもしれない。

アニメ「ちびまる子ちゃん」がヒットした1990年、ファミコン人気に宇宙旅行と日本はバブル景気に踊っていたが、1970年代に国民的人気番組となった「サザエさん」がリアルタイムの庶民を描いていたのに比べ、「ちびまる子ちゃん」は、原作者が子どものころ、つまり1970年代が舞台となっていた。元気のいい子どもが大人を振り回す3世代同居家庭はもはや過去のものという認識で描かれ、実際、出生率低下の1・57ショック、銀行の大合併と、日本の産業を構造転換させる出来事が同年に起こっている。崖っぷちにいるからこそ、なるべく下は見ないようにして、「おどるポンポコリン」を歌い踊ってしまう。国民の9割が「自分たちは中流」と思い込んでいる実態とも似ている。

私が出会ったある高齢者は、光熱費が払えなくて本当は毎日お風呂に入りたいのだけれども月に1、2回しか入れず、明らかに支援が必要なレベルだった。その高齢者ですら、「月に1回お風呂を沸かせるんだから、私は中流だ」という意識を持っていた。

「誇り高く清貧を生きる」といえば聞こえはいいが、気の持ちようではどうにもならないこともある。「老いる」ことができるのは、ありがたさであり、背景には医療の発達と予防医学、介護予防の普及がある。

　２０１６年９月13日、敬老の日を前に厚生労働省が発表した１００歳以上人口は２０１５年より４１２４人増え、６万５６９２人に上った（住民基本台帳に基づくデータ）。それによると、男性の平均寿命が80・５歳、女性の平均寿命が86・８歳（２０１６年版世界保健統計）であるのに対し、健康寿命はそれより約10年短く、２０１３年時点で男性が71・19年、女性が74・21年という乖離がある。つまり、医療や介護の世話にならなければならない状態が10年は続くとみてよい。

　実際、２０１６年版高齢社会白書によれば、65歳以上の高齢者の健康状態についてみ

図表4-1 健康寿命と平均寿命

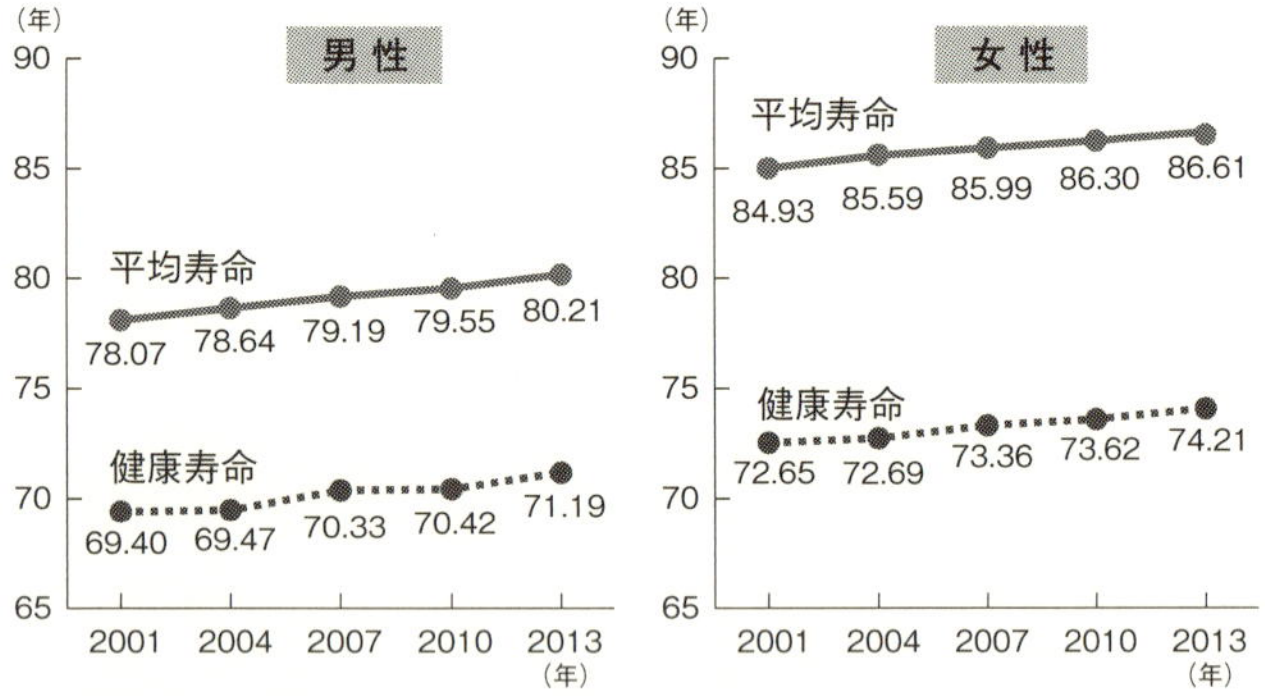

資料:平均寿命:2001、2004、2007、2013年は、厚生労働省「簡易生命表」、2010年は「完全生命表」
健康寿命:2001、2004、2007、2010年は、厚生労働科学研究費補助金「健康寿命における将来予測と生活習慣病対策の費用対効果に関する研究」2013年は厚生労働省が「国民生活基礎調査」を基に算出
出典:2016年版高齢社会白書

ると、2013年における有訴者率（人口1000人当たりの「ここ数日、病気やけが等で自覚症状のある者（入院者を除く）」の数）は466・1と、半数近くの人が何らかの自覚症状を訴えているとされる。また、65歳以上の認知症患者数と有病率の将来推計については、2012年は認知症患者数462万人と、65歳以上の7人に1人（有病率15・0％）であったが、2025年には約700万人、つまり5人に1人になると見込まれている。

「ちびまる子ちゃん」がヒットしたバブル時代に似た現象が、2020年の東京五輪に向けて見て取れる。会場移転などの問題はあるが、報道記事もどこか華やかである。日本中が再び踊るかもしれない。それから5年後の

図表4-2 社会保障の給付と負担の現状（2014年度予算ベース）

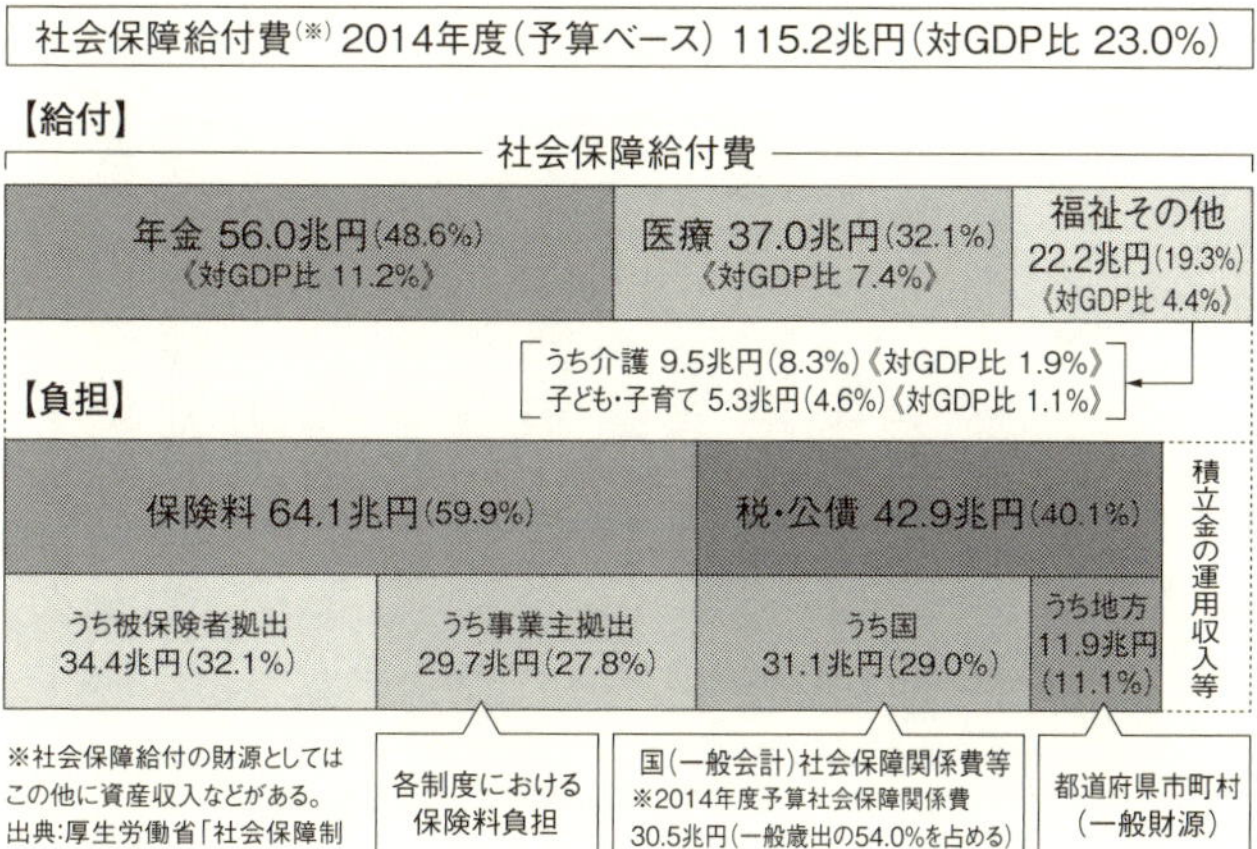

※社会保障給付の財源としてはこの他に資産収入などがある。
出典：厚生労働省「社会保障制度改革の全体像」を参考に作成

2025年、高齢者の1人暮らし世帯は全国で680万世帯、全世帯の約37％に達する。

団塊の世代が後期高齢者の75歳を迎える2025年には、認知症高齢者数は約320万人になると推計される。医療費と社会保障費は爆発するだろう。そのときの現役世代が膨大な社会保障費を背負えるのか、はなはだ疑問だ。ダブルワーク、トリプルワークで自活しなければならない高齢者、認知症でも「隠して」働かなければならない高齢者も出てくるはずだ。助けを求めたくとも周囲は同じような高齢者ばかりという状況——施設に入れてくれる人もいなくなったら、自分で「老人ポスト」に入っていくしかないのだろうか？

図表4-3 国民医療費の推移

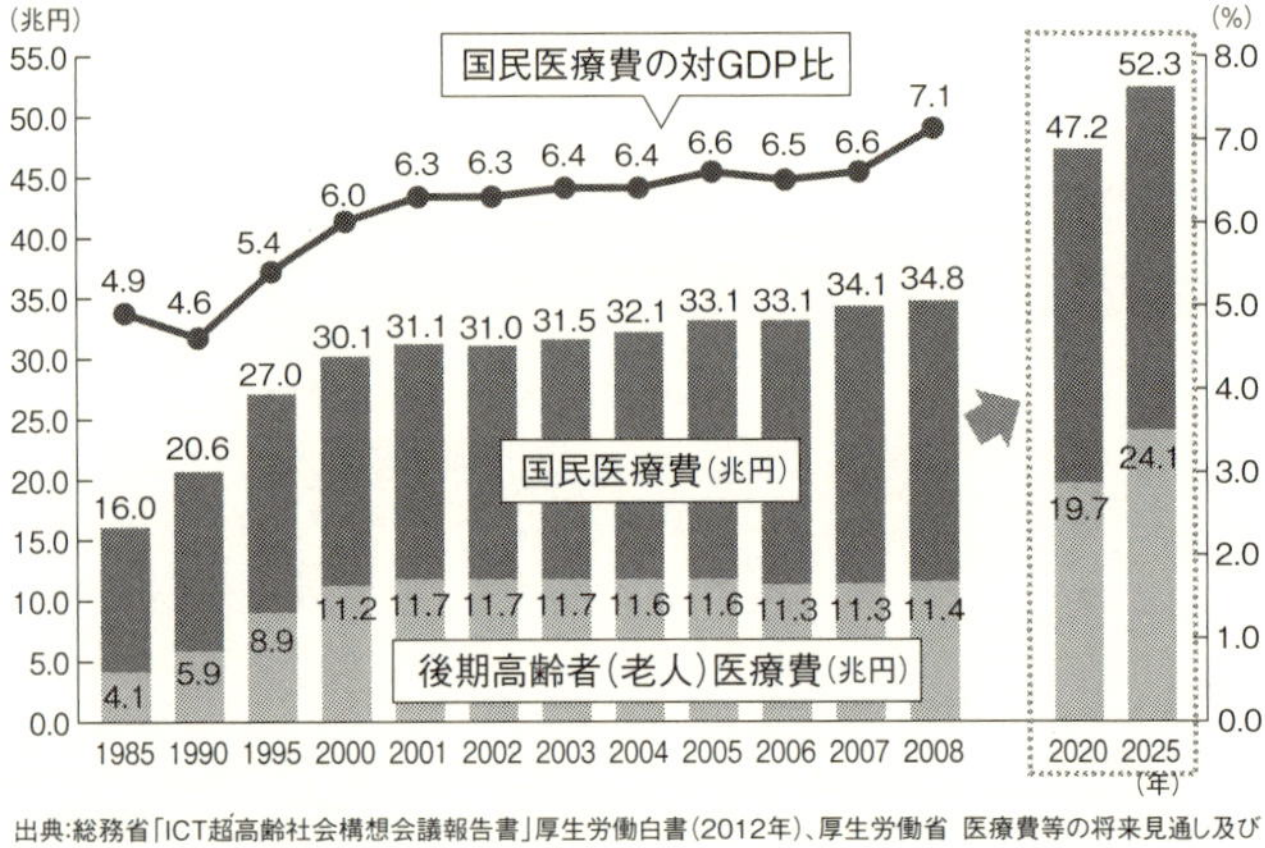

出典：総務省「ICT超高齢社会構想会議報告書」厚生労働白書（2012年）、厚生労働省　医療費等の将来見通し及び財政影響試算（2010年10月）

下流老人が増え続ける理由

前著『下流老人』で、私は下流老人を「生活保護基準相当で暮らす65歳以上の高齢者およびその恐れがある高齢者」と定義した。彼らが抱える貧困問題は、第1章から第3章までで説明してきた問題が、すべて凝縮された形で噴き出ている。

介護サービスを入れないと生活できない要介護度4の女性は、現役時代、非正規の仕事にしか就けなかったため年金額が少なく、要介護度1相当のサービスしか受けられない。現役時代に体を酷使して生活習慣病になった人は、医療費を少しでも浮かせるため、病院の受診回数と服薬回数を減らしている。気晴らしをしようにも、所得が低いほど、趣味や楽しみを「節約」し、無料で参加できる地域サークルにも参加しないという傾向がある。街を散策する機会もなければ、歩くなど病後のリハビリも不十分になっていく。

放蕩《ほうとう》もせず、こつこつ働いてきたはずの高齢者が、ここまで追い詰められる理由は、大まかに次のように分けられる。

〈高齢者が貧困に陥る社会的要因〉

①核家族化の進行。世帯を構成する家族人員が多いほうが、1人当たりの生活費は浮く。

②プライバシーの過度な尊重などにより、困ったときは助け合うといったお互いさまの精神が薄れた。

③人生における高齢期の長期化。丁寧に生活設計を立てていても、認知症により忘れることもある。

④引きこもりやブラック企業につかまるなどしてキャリアを形成できなかった子どもの支援。子どもの年収が200万円を切ると、親は支援せざるをえなくなることが多い。

⑤年金の引き下げ、各種保険料や税の引き上げなど、社会保障の脆弱化。65歳以上の高齢者約700万人が人生100年時代を迎え、彼らが没す

図表4-4 世帯構成の推移と見通し

単身世帯、高齢者単身世帯、ひとり親世帯ともに、今後とも増加が予想されている。

単身世帯は、2035年で約4割に達する見込み。(全世帯数約5,184万世帯〔2010年〕)

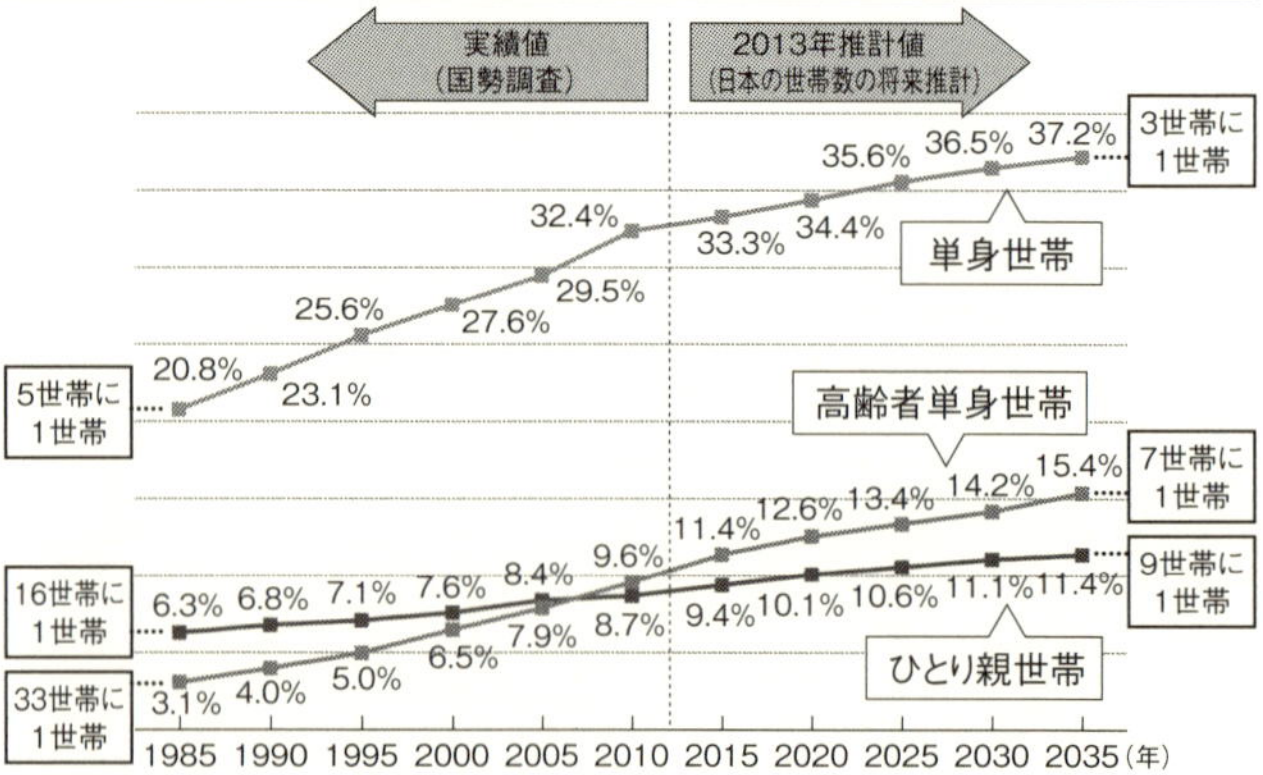

(注)世帯主が65歳以上の場合を、高齢者世帯とする。
出典:総務省統計局「国勢調査」、国立社会保障・人口問題研究所「日本の世帯数の将来推計(全国推計)(2013年1月推計)」

るまでの生活費を年金でまかなえなくなった。

〈高齢者が貧困に陥る個人的要因〉

①現役時代に低収入だったり、老親の介護などで離職し払っていない期間があったりすると、無年金や低年金となる。

②制度について知らない。第5章でも紹介するような救済措置がいろいろあるが、情報が届いていない。PR不足という点では「社会的要因」でもある。

たとえば、60代で心筋梗塞となった男性は、3000万円の退職金を心筋梗塞の手術費と入院費に使いはたした。高額医療費が戻ってくる制度を知らなかったという。

③高齢者の仕事は非正規、低賃金など限られている。地方によっては求人すらない。

誰でも年を取れば病気になるし、友人も逝く。『下流老人』を出した2015年以降も状況は刻々と動いており、覚悟と手配ができている人も増えてきた。最近は、支援制度について勉強している高齢者も多い。

それでも、「もし病気したら」「このお金を盗られたら」と、いくらでも疑心暗鬼になれる。夜になると、ふと不安になって涙が出る……そんな人からの相談が、２０１６年に入ってから爆発的に増えた。

〈事例2〉貯蓄600万円でも不安。認知症の妻を介護する78歳夫

「不安なんですよ。今は何とかやっているんですけど、何かいい方法はないでしょうか」

電話の主は、夫婦2人で暮らす三沢清さん（仮名・78歳）。奥さんが84歳、認知症が少しずつ進行し始めたという。

家事ができないほどではない。ただ、出かけると、帰ってこないことがある。電車で1時間以上かかるところで警察に保護されたりするようになった。買い物に行くときは、三沢さんが必ず付き添っていく。家に帰れなくならないように。

「2人合わせて年金は23万円くらいですかね。ええ、あるにはあるんですが、私も最近足腰が悪くなって、こんなに何度も何度も、まあ月に多いときだと2回くらい交番に迎えに行くなんてこと、これからはできそうにないんです。どうすればいいでしょうか」

聞けば、貯金は６００万円ほどあった。盆と暮れには息子たちも帰ってくるようで、あまり仲がよくないとはいうものの、断絶しているわけでもない。子どもたちが無事独立し、

夫婦で旅行にも行けるとはうらやましいような環境だが、それでも三沢さんは、「準備が足りなかったんでしょうか」と不安げに繰り返す。

「まさかこんなふうになるとは思わなかった。こんなに準備していても、ダメだったんですね」

「いや、ダメじゃないですよ。大丈夫、ちゃんとやってらっしゃいましたよ」

それでも、自分が不安になるのは、「準備が足りなかったせい」という思いがあるようだった。

「老後のための準備」で若い時代を終わらせてしまうのは、大変もったいないように思う。これがヨーロッパや北欧の国々であれば、状況は違うだろう。フランスなどでは、若いときは子育てやら仕事やら忙殺されていた人たちが、老後は解放されたようにはじけ、最期まで人生を謳歌して逝く。社会保障制度が手厚いため、日本ほど介護や医療を家族や自分で負担する責任は感じていない。

福祉国家でない日本は、戦前は農村社会らしい地縁、寄り合い、助け合いで老後を乗り切り、戦後は高度成長を支えた企業が年金で面倒を見てきたため、制度が極めて手薄である。他に自助努力を求める似た国はアメリカや韓国か。自己責任社会の日本、アメリカ、韓国は保険商品が売れる。その中でも日本がトップだ。

まさにそのような国に生きる国民の典型が三沢さん。日照りや飢饉など、本来、個人が負う必要がないことまでを「バチが当たった」と悔やむ国民性が、21世紀でも生きている。

三沢さんの奥さんの場合は、たまに自分のことがわからなくなる程度で、足腰も元気、意識もはっきりしている。そうすると、介護認定を受けても要介護1か2となる。

「今のレベルだと3以上は出ないいんじゃないかと思ってるんです。そうすると特養はどうなりますか」

「特養ですか……」

特別養護老人ホームは低料金で入居できる、公的介護施設だ。2015年4月1日からは、入居基準が「原則要介護3以上」に改められた。そのニュースをテレビで見て、電話をかけてきてくれたのだった。三沢さん夫婦の生活レベルなら、特養は月額5万円から8万円ぐらいで入居できるはず。けれど要介護1か2では、有料老人ホーム、軽費老人ホーム、あとは介護老人保健施設など、他に行くしかない。いずれにしても少し高い施設だと20万円近くかかる。600万円の貯金など、たちまち底をつくだろう。

今の段階では、該当する給付制度はない。奥さんの介護が大変になり、貯金も失えば、生活保護という手段はある。パンフレットなどを取り寄せて研究している三沢さんはもちろん知っていた。

「でも、生活保護だけは受けたくないんです。今のうちに打てる手だてはありませんか」

真綿で首を絞めるような負担増メニュー

このケースでは、介護保険の申請をしてもらうことにした。地域包括支援センターのケアマネジャーさんに見てもらうと、三沢さんの見立てはぴったりと当たり、やはり要介護2という決定だった。在宅ヘルパーを週3回頼み、三沢さん自身が倒れないようにしたうえで、ケアする人が休めるショートステイを紹介する。ひとまずはピンチを切り抜けた。

子どもの風邪のように、寝ていれば明日よくなるということがないのが老いだ。明日は今日よりもっと認知症が進行するかもしれない。誰もが老いとともに不安と戦うわけだが、さらに追い打ちをかけるような制度改変が始まっている。詰まるところ、高齢者を不安でならなくしているのは、真綿で首を絞めるような、ほんの少しずつの支援の引き下げである。もともと心配性な日本人に、傷口へ塩を塗り込むようにして、「国はこれ以上面倒見切れませんから自分たちで〝準備〟してくださいね」と囁きかけているのだ。

①2013年8月~2015年/生活保護受給者への生活扶助基準引き下げ

2013年より段階的に実施され、3年間で最大10%の生活費が削減された。これ以降、生活保護受給しているにもかかわらず、食費や生活費が足りないという相談が相次いでいる。

②2015年7月/生活保護受給者の住むアパートの家賃支給金額引き下げ(住宅扶助基準上限)

全国でも最高水準の引き下げ額となっている埼玉県内の自治体では、川越市の2人世帯が1万1000円、2級地(越谷市、熊谷市など)の2人世帯では1万円、3級地(久喜市、鴻巣市など)の2人世帯では9900円の減額に及ぶ。さいたま市では、1人世帯が2700円、2人世帯が8000円、3~5人世帯が3000円の減額である。

高齢者の2人世帯やシングルマザー家庭の2人世帯には深刻な引き下げ幅となり、相談電話が相次いだ。ただでさえ、生活困窮者が借りられる低家賃のアパートは少ない。

③2015年8月/介護保険制度改正

一定以上の所得者(単身者、年金収入のみで年280万円以上)の自己負担を1割から2割へ引き上げ(厚労省はこのうち年収383万円以上の場合は3割負担に引き上げることを検討中）。相変わらず、介護負担について不安を口にする高齢者は多い。

④2016年11月／70歳以上の医療費の自己負担増（見直しは2017年～）

医療費は「高額療養費制度」により、収入に応じて毎月の自己負担額の上限が定められている。上限を超えた分は公的な医療保険などが負担する仕組みで、医療費の負担が重くなりがちな70歳以上は70歳未満より上限が低く設定されているが、今後はふくれあがる社会保障費を抑えるため、現役世代並みの所得がある人に加え、年収約370万円未満の約1243万人も対象にして負担増を求めることとなった。2017年8月から順次、見直していく。

⑤2016年12月14日／改正国民年金法成立（施行は2021年度から）

安倍政権は、高齢者に支給される年金を「現役時代の半分は保障する」としているが、「今の年金水準は現役世代の収入の6割超と比較的高く、将来世代が受け取る年金水準が低下する懸念がある」とする。そこで2021年度から新ルールを導入し、現役世代の賃金低下に合わせて年金の支給額を減額できるようにする法が成立した。

具体的には、2021年度から、物価が上がっても現役世代の手取り賃金が下がれば、賃金の下落幅に合わせて年金額を減らすことに決まった。2018年度からは、年金額の伸びを賃金や物価の上昇分よりも毎年1％程度抑える「マクロ経済スライド」という仕組みを強化する。

今の受給者の生活が成り立たなくなるとして、「年金カット法案」と呼んで批判していた民進党、共産党などは参院本会議で反対したが、自民党、公明党、日本維新の会などは「将来世代のため」と押し切り、賛成多数で可決した。都合のいいときだけ、若者を思いやることにしたらしい。将来世代のためを思うなら、あのイタリアやフランスのように、老人が最後まで人生を謳歌できるような社会保障制度を整えるほうがいいはずだ。「ああはなりたくない」老人ばかりだったら、若者は「老後に備える」ためにせっせと貯蓄するだけだ。

私の周りにも、修行僧のような禁欲学生がまた増える。現役世代への言い分として、政府は「将来の国民年金額が7％（月5000円程度）増える」と試算してみせたが、「現役世代の年金を月5000円アップするには、過去10年のカット額を、運用利回り4・2％で20年間運用し、2・3倍に増やす必要がある」（井坂信彦衆院議員）といった指摘もあり、景気が上向くことが前提の試算は、どこまで現実的か、はなはだ疑わしい。

そして、改正法の内容はもちろんだが、何より、国民へのアカウンタビリティ（説明責任）をいい加減にしていることそのものに、政府への信頼を失わせるものがある。それが

「年金を真面目に払っても将来どうなるか」と、絶望的な不信感を呼んでいる。カジノ法案と合わせてスピーディに審議されたのも、どさくさに紛れて無理やり通したようにしか見えない。カジノと年金なら、カジノのほうがどうしても派手で、メディアも大きく扱うし、国民の目もそちらに行く。

遡ること2016年11月25日、衆院厚生労働委員会に参考人として呼ばれた私は、高齢者の相対的貧困率が高いこと、低所得者と低年金者の暮らしを直撃するので、この改正には反対であることを述べた。たとえば70代の夫婦の場合、2人で国民年金が月額9万円。爪に火をともすようにして節約し、夫が新聞配達をしながら何とかやりくりをする。その年金が減らされたら、

年金法案への反対意見を述べる著者＝衆院厚生労働委員会で（2016年11月25日）

これ以上配達部数を増やせばいいのか。自殺や一家心中、介護殺人の危険は高まる。今後、年金減額がどのような影響をもたらすのか、計り知れない。

検討委員会の資料ももらい、その影響を検討したが、引き下げの根拠については、厚生労働省もまともな説明ができていない。

すべては芸能人の親族の生活保護受給バッシングから始まった

年金を減らされ、困窮するようになったら「生活保護を受ければいいじゃないか」という声もある。２０１６年12月の厚生労働省の発表によると、生活保護を受けている世帯は全国で１６３万６９０２世帯になり、過去最多を更新

年金制度改革関連法案などの採決で丹羽秀樹委員長（左から３人目）に詰め寄る民進党などの議員＝国会内で（2016年11月25日　撮影・川田雅浩）

した。65歳以上の高齢者世帯は83万5402世帯で、こちらも過去最多となった。月々の生活費が「生活保護基準」に足りないすべての人に、足りない分が支給されるシステムが機能していれば、下流老人の条件は「生活保護で暮らす」だけでよく、私がわざわざ「基準相当」などとつける必要がない。つまり、「相当」に値するのに、生活保護を受けられない（受けない）人たちが600万人以上いるのだ。

事例2の三沢さんのような、「生活保護だけは受けたくない」という人は、どの年代でも多い。三沢さんの場合は、パンフレット等でよく研究していたが、中には説明も聞かず、「生活保護だけは……」と拒む人もいる。もはや「生活保護」がスティグマ（烙印）化してしまい、名称だけで拒否反応を起こされてしまう。

よくもここまで嫌われたものだが、私は2012年のあの事件がきっかけだと思っている。

扶養能力があると思われる芸能人の母親が生活保護を受給していたことをきっかけに、「不正受給」だという報道が相次いだ。生活保護受給には、年収や親族の扶養義務、資産の有無といった条件があり、満たしていないにもかかわらずすり抜けたと、すべての受給者に疑いの眼差しが向けられた。テレビに週刊誌にと報道は拡大し、議員までも動かしたうえ、1950年の制定以来、初の法改正が行われる事態を招いたのである。内容は、生活保護受給者への調査の強化や、必要書類を整える努力義務を課す（事情があれば口頭でも可）など、あたかも申請者を「救済」から「監視」の対象へと変容させるようなものだった。

生活保護法は、もともと、当事者が逼迫した状態で窓口に来ることを前提としている。そんな「性善説」が、多少放蕩しても生活保護があるからどうにかなると開き直った輩《やから》がもらいに来るという、「性悪説」に変わってしまった。つまり、「もらうだけで悪い人」なのである。スピーディな救済が必要であるにもかかわらず、審査に時間がかかり、受給が遅れたり、阻害されたりするケースが相次いだ。

根拠が不明瞭なまま小出しの引き下げが続いているのも、国民による疑いの眼差しを反映してのものとされている。結果、生活扶助基準等が引き下げられ、たとえ生活保護を受けても憲法第25条が定める「健康で文化的な最低限度の生活」が営めなくなる恐れが出てきたのだ。

ごく一部の生活保護受給者は、やむをえず、国を相手に「生活保護基準を引き下げないでほしい」と裁判で争うことに踏み切った。ただ、そこまでの主張ができる受給者はひと握りで、大半が泣き寝入りである。「働く体力はなくても、裁判する体力はあるんですね」

といったバッシングが怖くて、声などあげられずに黙っているのだ。

生活保護とは、住まいの地域によって定められた「生活保護基準」に満たない額しか収入がない場合、あるいは全くの無収入の場合、足りない分が毎月受給できるセーフティネットである。

〈事例3〉生活保護受給後に命を絶った72歳

私たちはこうしたことを、ほっとプラスに来た火田進一さん（仮名・72歳）に再三説明した。

「別に恥ずかしい制度ではないんですよ。火田さんは年金だけでは生活が困難なので。生活保護を受けてほしいです」

「いや、恥ずかしい制度ですよ。生活保護を受けるぐらいだったら、死んだほうがマシですよ。人間、終わりですよ」

「ですから……」

「生活保護以外にないでしょうか。銀行とか、貸してくれませんかね」

「収入のある方じゃないと難しいです、それは」

「サラ金とかはダメですか」

説得までには1週間かかった。ちょうど芸能人の母親の生活保護バッシングがあったころだった。生活保護は自立していない人、怠けていた人、計画性がない人たちが受けるものだと思っているようで、何とかして逃れようとしていることだけはうかがえた。

「申し訳ない、まさかこんなに働けなくなるなんて思わなかった。本当に自分の落ち度です」

火田さんは現役時代、真面目に仕事をしており、収入も多かった。年金はわずかな期間しか掛けていなかったらしい。しかし、退職後、貯金はなくなった。普通に生活していれば老後にも資金が必要な国である。

「生活保護以外ありません。一緒に行けば大丈夫ですよ。お願いです、役所に行きましょう」

「ああ、本当に嫌だ。とにかく他に方法ないかな」

「いや、ないです、ないです」

役所に行って書類を書いてもらい、提出した。窓口のケースワーカーも、火田さんに、

「こんなに困るまで我慢しなくてよかったんですよ」

と優しかった。若い人なら、「まだ働けるでしょう」と言われることもあるが、火田さんは72歳のお年寄りである。

「ほんとに申し訳ない。すみません、早く仕事見つけますから」

「いや、70歳を過ぎていたら見つからないですよ。大丈夫、もう見つけなくていいんです。のんびり暮らしてくださいよ」

「すみません、すみません。ありがとうございます」

火田さんは泣いていた。

それから8カ月後、順調に給付は続いていたはずだが、役所から連絡があった。火田さんが入水自殺を図り、病院に搬送されたというのである。遺書がアパートに残されていた。

――この年齢になって国の世話になるというのは、本当に申し訳ない。私には何もないので、代わりに命を絶ちます。

しばらく意識不明だったが、亡くなった。

10万円也で拝んで終わりの人生

火田さんは、身よりがなく、貯金もない状態で亡くなったため、「直葬」となった。お坊さんを呼ばず、何十万円もする戒名もない。安価で利用できる葬儀社が、火葬場に直接運ぶ。生活保護法の一つ、「葬祭扶助」という公的制度でまかなわれる。

こうしたことがあってから、私は生活保護に対する考え方を少し変えるようになった。火田さんは年金をかけていなかったが、買い物くらいはもちろんしており、アパートの家賃も払っていた。つまり消費税を何十年も払い続けてきたことになる。無拠出型である生活保護は100％、税から成り立つ。だから、これまで払ってきた分が戻ってきたと思うだけでもよかったのだ。

それでも、「お恵み」のように感じて呵責《かしゃく》に耐えられないというのなら、いっそ生活保護を「保険化」したらどうか。たとえば、建前だけでも、月額100円拠出したら、「サービスを受けて当然」と権利意識を持てる。そうすればもっと堂々と受け取れたはずだ。

本来、こうした救貧制度は、掛け金などない、無拠出型の給付であることが大原則だ。ただ、ここまで偏見と差別とバッシングにさらされてしまうと、孤立死や餓死をこれ以上増やさないために、思い切った促進政策を議論するしかない。異常な国では異常な社会保障制度の導入を議論してもよいのではないだろうか。

火田さんのように、家族にも友人にも先立たれて身寄りがない人の葬式として、簡素な「直葬」がある。多死社会を迎え、1週間待ちの葬祭場などざらだ。夏は棺をドライアイスで冷やして順番を待つ。

棺も墓も要らない、骨は海に撒いてくれ、といった遺言が増えている。家族に負担がかからないようにとの思いからか。檀家や寺の文化、冠婚葬祭のしきたりは、どんどん必要がなくなっていく。高所得の人以外は、親族がそろってお参りに行くような墓はいずれ持てなくなるだろう。先祖がわが家に帰ってくるのをお迎えするお盆の習わしも、墓があってのものだった。そういえば、私が結婚したときには、ご祝儀の3万円が払えなくて式に参列できない友人たちが何人かいた。貧困で失われるのは、葬列の文化だけでなく、冠婚葬祭の両方である。さまざまなつながりが薄れ、1人で生き、1人で死ぬ社会だ。友人や家族らの悲しみとともに送る葬列、大勢の人に祝われる結婚や出産もなくなっていく。

ほっとプラスでは、生活保護基準相当で葬儀をお願いする活動もしている。10万5000円くらいで拝んでいただき、せめてもの見送りをする。最終的には国、自治体が費用を持ってくれる。生活保護法に基づく葬祭扶助制度の利用数は増え続けており、厚生労働省によると、2013年度は全国で月平均約3200世帯が利用し、2004年度の1・5倍以上となった。

支援が届かないことで拡大する災禍

「もっと早くここに来られればよかった」

私たちが支援する高齢者から、少なからず聞く声である。もちろん、生活困窮者を救うNPOはほっとプラス以外にも全国にある。インターネットでも多く紹介されているが、ネットを使わない高齢者にどう届けるかはもはや、大きな課題となってしまった。

2015年6月に起きた新幹線火災事故は、どんなNPOも救えなかったケースの一つである。白昼に東海道新幹線の車両で、71歳の男性がガソリンをかぶり、火を放った。周囲の乗客を巻き込んで自死。死傷者を多数出し、甚大な被害を与えた事件である。

報道によれば、東北から上京し、流しの歌手やバスの運転手をしていた男性は、国民年金と厚生年金のいずれにも加入し、35年払っていた。職を転々としながらも毎月きちんと納めていたのは、親族も遠方におり、大企業の社員でもない身で、自分を守れるのは年金だけと必死だったからに違いない。勤務態度は真面目で、家賃の支払いも遅れたことがなかったという。

引退後、年金の支給は2カ月に一度、24万円であり、月にすると約12万円だったと報道されている。厚生年金は現役時代の報酬比例で決められるため、男性は生涯にわたり低賃金であったことがわかる。

男性が住んでいた東京都杉並区は、この年、生活保護基準を14万4430円（生活扶助費7万4630円＋住宅扶助費6万9800円）と設定していた。資産の状況やその他の要素も検討しなければならないが、生活保護では、国民健康保険や住民税は減免される。つまり、男性は年金を納めていたにもかかわらず、いざ支給だけで生活する歳になると、生活保護基準以下で暮らさざるをえなかった。区役所に行って「自殺してやる」と脅し、職員に「本当にそんな覚悟があるんですか」と言い返されたり、議員に電話をして生活苦を訴えたりしていたらしい。国民健康保険や住民税を払うと6万円しか残らないと嘆いていたらしく、本当ならば、残り6万円でどう生活していたのか。スーパーでは、「これがないと眠れないんだ」と言って酒を買っていたという。空き缶回収の仕事もやめてしまい、うつ病にかかっていたようだ。

男性が区役所に来たとき、もしも職員が生活保護や生活困窮者支援制度の存在を教えて福祉課に回していれば、生活保護基準に足りない分が支給されて、各種減免も受けられた可能性がある。給付だけでなく、生活保護には現物支給もある。このような制度があることを知らない「要保護者」がいまだに生活に困難を抱えながらひっそり暮らす。「自分から言い出さなければ教えてやらない」という申請制度は、底意地が悪いとすら思えてくる。

この事件を受けて、国は国土交通省やＪＲとともにいっそうの防災対策とテロ対策を図ることになった。もちろん、事故の再発防止は大切だ。しかし、貧困対策もしっかり打ち出してほしい。生活保護が必要な高齢者には広報もし、支援制度があることを伝えてほしい。

悔やんでも悔やみきれない事件である。

〈事例４〉「死ぬまで雇ってください」遺族年金で暮らす74歳女性の祈り

「お金がない人って、寿命が短いんですよ」

３年前に夫が亡くなり、賃貸マンションで１人暮らしする二宮光子さん（仮名・74歳）はさらりと言った。「お金がない人」というのは近所のゲートボール仲間を指すようで、遺族年金とパートの稼ぎ、合わせて24万円で月々暮らせる二宮さん自身は入っていない。

「友達が亡くなって、不安になって……。仕事もそろそろ足腰がきついから辞めたいし。辞めたら、何か制度はあるんでしょうか」

たとえ自分はそこそこで暮らせても、周りの人が「下流」で早く亡くなってしまったのがさびしそうだ。けれど、二宮さんの遺族年金12万円も、多いわけではない。家賃や水道光熱費、医療費、介護保険料などで終わってしまう。孫が遊びに来たときぐらいはお小遣いを持たせてあげたいし、敬老会の旅行も楽しみたい。そうした少しの余裕のために、時給900円で清掃のパートタイムをしている。クリンネス（衛生）が最も大切な病院である。勤めて5年になる。

足腰がきついといっても、医療費が特にかかるわけでもない。貯金も50万円ほどあるということで、要介護にも、生活保護にも該当しない。せめて月4万円の家賃を抑えてはどうかと、公営住宅への住み替えを案内し、納得してもらえたので、手続きした。こうした手続きも、日本は申請方式で、高齢者が自分から動く必要がある。私たちにサポートできることは、そこまでだった。

「大丈夫です。病院の先生方には、死ぬまで雇ってくださいとお願いしましたから」

二宮さんは、少し安心したようで、笑って言った。

ホテルでも、スポーツクラブでも、てきぱきと清掃の仕事をこなす高齢者をよく見かける。長く勤められそうなあたり、二宮さんも優秀な清掃員なのだろう。

提言 4

働くみんなが〝社長〟「協同労働」に注目！

「高齢者の経済生活に関する意識調査」（内閣府）によると、60歳以上が働く理由は、「生活費をまかなうため」が最多で、2011年度には59・1％。2001年度調査の52・2％から6・9ポイント上がった。清掃、ビルメンテナンス、運送、警備、新聞販売、輸送といった分野で高齢者の姿はこれからもますます増えていくだろう。年金が少ないために働く一方で、そうした業種は慢性的に人手不足で、不安定な非正規雇用のため、長く働いてスキルアップしたい若い世代には疎まれがちだ。労災事故が起こりやすい職場であることもネックである。しかし人手は必要というわけで、高齢者を吸収する力になった。60歳以上の高齢者がいないと回らない職場がどんどん増えてきている。そこは企業側が十分に配慮して、安全性を高めていってほしいところだ。

たとえ企業側が配慮したとしても、老齢のためにギブアップしかかることがある。また、清掃、配達、販売のようなルーティンワークは10〜20年内にロボットに取ってかわられるともいわれる。宅配に自動運転の車が活躍する日も近いはずだ（AI労働）。時間内に最高のパフォーマンスをしなければならない膠着《こうちゃく》的な時間給ではなく、農業のような、マイペースで週5日か週3日、あるいは朝だけといった働き方も保障していくのが、まさに政権が提唱する働き方改革ではないか。

海外で注目されているのは、協同労働という、新しい労働の形である。みんなで経営に参画し、人と地域に役立つ仕事を作り、それぞれができる形で取り組む。そこでは、「残業も厭わない我慢」が美徳になることはない。働くとなると企業に雇用される形ばかり思い浮かべがちだ

図表4-5 収入のある仕事をしている理由

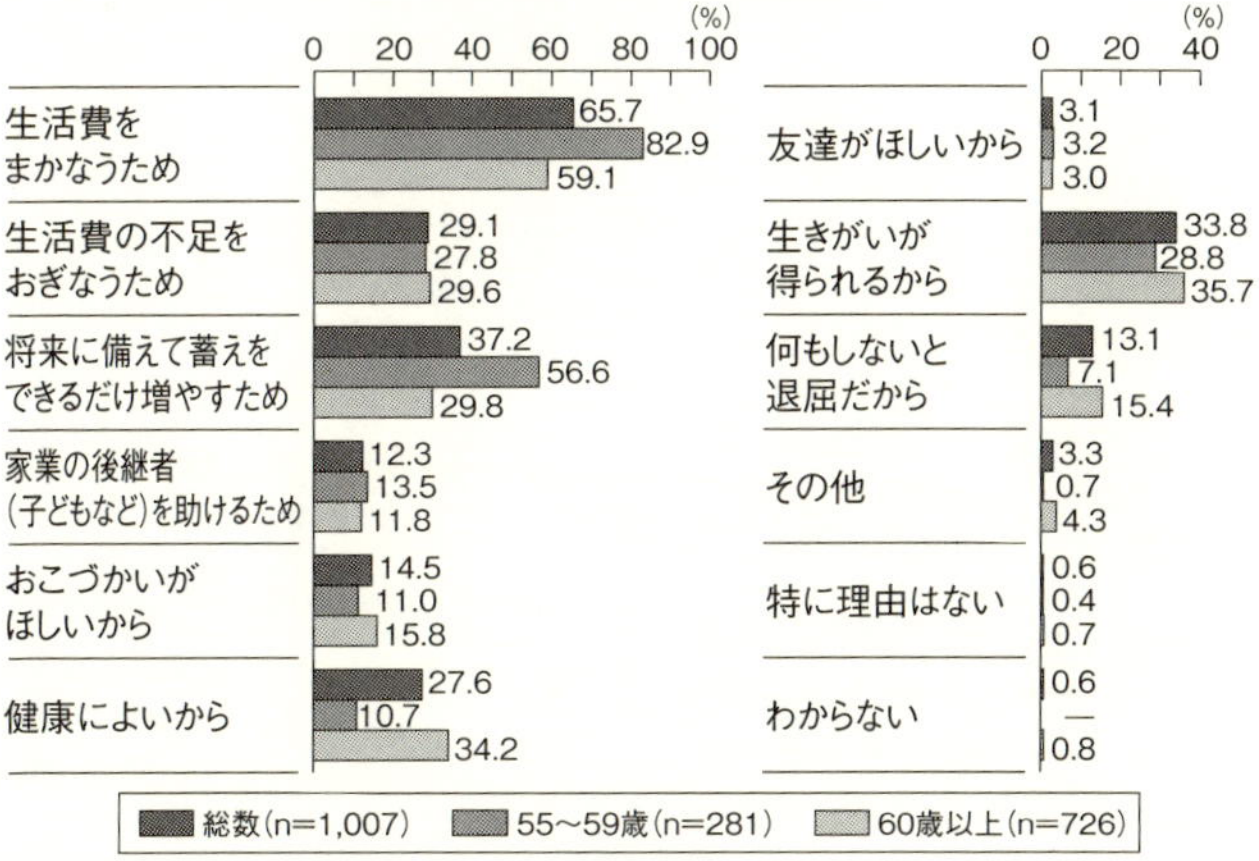

出典:内閣府「2011年度 高齢者の経済生活に関する意識調査結果」

が、協同労働は全員が社長であり、出資者であり、労働者だ。日本では、地産品を出す「道の駅」で、高齢者同士の出資で成功するケースが出てきた。

「雇われているのではなく私の店という感じがする。自分たちで工夫して売っていかないと」といった働く人たちの言葉は、ブラックバイト等で搾取され続け、疲弊した若者たちが労働の原点に立ち返れる場所としても注目されている。

介護現場は慢性的に人手不足だが、協同組合の人々が介護事業所を作って、自分たちの介護、面倒をみんなで担っていこうという形態もある。もちろん、協同労働を守り、促進するためのルール作りは必要だ。海外では法も整い、8万3000人というスペイン一の協同労働組織「モンドラゴン」が経済危機のまっただ中でも急成長を続けて評判を呼んだ。住民が助け合って暮らすオランダの認知症の村「ホフヴェイ」の事例も参考になるのではないか。

ホフヴェイも、介護士同士のおしゃべりから発想が広がっていった施設である。21世紀にふさわしい社会システムは、政治家にばかり任せていないで、当事者から作っていくことも模索したい。本当に、介護保険改正で要介護1・2の人たちが外されていくのを、黙って指をくわえて見ているわけにはいかないのだ。

第5章

貧困ニッポンを生きる

社会と個人ができる最善策

貧困対策には「防貧策」と「救貧策」がある。貧乏をあらかじめ防ぐ予防の究極が教育投資なら、生活保護のようなセーフティネットが救貧策だろう。日本は、防貧策であるはずの教育が、高利の奨学金で学生を追い込んでしまったり、生活保護のようなセーフティネットも、「困ったのは自己責任」として、網を絞って追いつめたりしている。社会保障が極めていびつな現象のまっただ中にある。政府も、リーマンショックなどの事変に応じて特別措置を取るため、制度が時限立法だったり、細々した条件をつけたりして、さらにわかりにくくなっているのが特徴だ。張りぼてのような脆い社会保障制度の山である。NPOのような相談機関の助けも借りながら、自分に該当する制度を知っていこう。

知るだけでも安心できる 知識編

日本の社会保障制度について

以下、日本の社会保障制度の基本について説明する。社会保障制度については、役所のパンフレット等に書いてあるし、ネットにも出ているが、「厚生労働省のホームページをご覧ください」といった役所のご案内で途方にくれる高齢者を数えきれないほど見てきた。本当は、義務教育などでしっかり教えていただきたいと思う。基本的な説明以外に、ほっとプラスでも使っている抜け道、あまり知られていない制度についてのささやかな情報は、「サバイバル①〜⑥」に記した。

もともと戦前から助け合いの制度はあったが、国民の生存権を保障する形で法が整ったのは、日本国憲法が施行された1947年から。社会保険を補う形で「社会福祉」や「公的扶助」、「公衆衛生」も発展してきたのである。

(1) 社会保険

国民の払う社会保険料で運営される「社会保険」が日本の社会保障の根幹を成す。病気やけが、出産、死亡、老齢、障害、失業など、生活に困難をもたらす事態が起きた場合、一定の給付を行うもの。

具体的には、以下の健康保険と年金保険を指す。

〈健康保険〉

被保険者が病院で診察を受ける際、一定の割合（一般的には3割）負担で受けることができる医療保険。すべての人が医療を受けられるよう、健康保険は皆保険である。公務員や船員など、職種によって健康保険の種類は異なるが、次の2つが代表的だ。

①社会保険

会社として加入。保険料は被保険者と会社が折半する。

②国民健康保険

自営業者、非正規雇用者などが個人として加入。保険料は前年度の所得による。

サバイバル❶

医療ソーシャルワーカーの助けを借りよう

保険の役割は、受診料の軽減だけではない。手術などで治療費がかさんだ場合は、一定額を超えた金額が戻る、**高額療養費制度**がある。また、保険料の支払いが難しい場合は猶予をもらえたり分割できたりする制度もある。そこで相談したいのが、比較的大きな病院に常駐している**「医療ソーシャルワーカー」**だ。

医療相談員とも呼ばれる彼らは、病気やけがで困惑する患者や家族に、どんな制度が使えるのか、方法や条件を教えてくれる。多くが社会福祉士の資格を持っており、退院後住まいがないといった相談にも応じて、社会復帰の足がかりを作ってくれる。

まず診療スタッフに相談、それから医療相談室などで面談する流れとなる。守秘義務があり、面談の内容が外に漏れることはない。

さらに、お金がなくて診察料を払えない、ホームレスで住民票がない……そんなさまざまな事情があるときも、ソーシャルワーカーに相談を。社会福祉法では、「生計困難者のために、無料又は低額な料金で診療を行う事業」が定められている。○○済生会病院という名称で知られる社会福祉法人恩賜財団済生会のほか、多くの病院が**無料・低額診療施設**として登録している。全日本民医連のホームページで希望の地域の病院を検索できる。医療相談室でソーシャルワーカーの面談を受けてから受診する仕組み。

◉全日本民医連
電話　03-5842-6451
無料および低額診療に取り組んでいる全国の事業所名と連絡先URL
https://www.min-iren.gr.jp/?p=20120

〈年金保険〉

毎月一定額を積み立て、老後（60〜65歳から）や障害、死亡時などに備える公的年金。一般に、「2階建て」と言われ、自営業者なら国民年金のみ、会社員なら国民年金＋厚生年金の保険料を毎月支払う。2016年3月に国民年金法改正案が国会に提出されて以来、管理運用のための見直しが次々と行われている。最新情報は日本年金機構のホームページなどで確認する必要がある。

◉ねんきんダイヤル／一般的な年金相談に関するお問い合わせ

電話　０５７０-０５-１１６５（ナビダイヤル）

０５０で始まる電話でかける場合は　０３-６７００-１１６５（一般電話）

受付時間　月曜日　午前８時30分～午後７時

火～金曜日　午前８時30分～午後５時15分

第２土曜日　午前９時30分～午後４時

※第２土曜日以外の祝日および年末年始を除く

◉日本年金機構

ＵＲＬ：http://www.nenkin.go.jp/

①国民年金

国内に住所のある20歳以上60歳未満のすべての人が加入。非正規や自営業者など収入が不安定な人たちの老後を保障する。これまでは25年払い続けると受給資格を得られたが、法改正により10年に短縮され、２０１７年10月から支給開始されることとなった。これにより、新たに約40万人が基礎年金の受給権を得るという。

このほか、5年前まで未納分を遡って払える救済措置、将来の年金額が増える特例納付制度、受給年齢を遅らせて増額を図る繰り下げ受給など、さまざまな措置がある。

②厚生年金

国民年金に積み上げる形で会社に勤める人が加入する。すべての法人事務所と、従業員が5人以上の個人事務所に加入義務があり、70歳未満の従業員は全員、厚生年金の被保険者になる。非正規雇用でも、労働時間と労働日数が正社員の約4分の3以上（目安として週30時間以上）なら加入対象となる。2016年10月から加入対象が拡大し、従業員501人以上の会社については、週30時間から週20時間へと加入条件が変わった。

③障害年金

病気により働くこと、または、日常生活が困難になった人のための年金制度。名称のために体に障害が残らないと申請できないと思っている人が多いが、がん、心疾患、脳疾患など、多くの病気が対象となる。若くして進行性の病気になり、老齢年金がもらえなさそうな人のための前倒し年金制度といってもよい。医師でも知らないことがあるので、申請にはソーシャルワーカー、社会保険労務士、NPOなどの助けを借りるとよい。

サバイバル❷

超高齢社会で見逃せない年金の動き

こうした公的年金のほか、企業が用意する老後保障に「企業年金」がある。長年勤めた社員を慰労し、「退職金」を没するまで分割支給する、という考え方から1965年前後に生まれた。高度成長期、物価に応じて給与も値上げするわけにはいかなかったので、退職金をドンと払い、さらに月々「賃金を後払い」していたわけである。

だが、寿命の延びに従って企業が年金のために傾くという事態が起きかねず、企業年金は見直しを迫られている。超高齢社会に突入した日本は、2016年度の社会保障関係費が一般会計予算の33・1％を占めた。公共事業費の6・2％や防衛費の5・2％と比べても遙かに巨額で、今後の財源をどう確保するかが急務となっている。自分はどうなるのか？　もし受給できる歳になって、びっくりするほど足りなかったら？　ほっとプラスでも引き続きサポートしていくが、ここでは**熟練の「年金プロ」が集まる「全日本年金者組合」**を紹介しておこう。高齢者の貧困や無年金・低年金の問題に1989年より取り組んできた団体だ。生活保護申請に同行したり、「消えた年金」を取り戻したり、孤立を防ぐためにサークル活動を企画したりと、全国で高齢者の命と生活を守る取り組みを行っている。高齢者はもちろん、現役世代からの、将来の年金に関する相談も受けつけている。

◉全日本年金者組合／年金者組合中央本部の年金相談

電話　03-5978-2751

相談日　毎週月曜日、木曜日

受付時間　午前10時30分～午後3時30分

※来所される場合、事前予約が必要

〈介護保険〉

国民全員が40歳になった月から加入して保険料金を支払い、介護が必要な人が適切な介護サービスを受けられるように支える保険。要介護者がサービスを受けることで、家族の負担を軽減させることを目的とする。次の手続きが必要となる。

①市町村の担当窓口に相談。

②要介護認定の申請。市町村の依頼で主治医が意見書を作成、さらに職員が自宅を訪問して審査。申請から30日以内に認定結果が通知される。結果によって受けられるサービスや支給限度額も異なるが、大きく分けると以下のサービスが受けられる。

・介護サービス利用にかかる費用の相談をはじめケアプランの作成
・自宅まで来てもらえる家事援助等のサービス
・施設などに日帰りで預けることができるデイサービス
・施設に泊まって長期または短期で受けられる宿泊サービス

1年の間に健康保険と介護保険で支払った自己負担が一定額を超えると、「高額介護合算療養費」として払い戻される。医療費や介護費の負担を減らすためにぜひ利用してほしい。住民票のある市区町村に書類等を整えて申請する。

（2）社会福祉

障害者、母子家庭など、社会生活を送るうえでハンディキャップを背負った人々が、それを克服できるよう、次の公的支援を行う。住民票のある市区町村に申請すること。

〈児童福祉〉

①子ども手当

中学校修了までの子ども1人につき、その父母に支給。申請手続きは住所地の市区町村へ。所得による制限はない。

②公立高等学校の授業料無償化・高等学校等就学支援金

授業が無償となり、国立・私立高校に在学する生徒に対し高等学校等就学支援金が支給される。

③児童相談所

児童福祉法に基づいて設置された、児童福祉の機関。都道府県、指定都市に設置が義務づけられており、相談・調査・保護・指導等を行う。

〈母子・寡婦福祉〉

①児童扶養手当

ひとり親家庭への経済的支援。

②母子福祉資金貸付制度

就学、住宅、結婚、技能習得、医療介護などに伴う費用の貸付を行う。無利子または低利。

その他、死別母子世帯に対して国民年金制度による遺族基礎年金、厚生年金制度による遺族厚生年金、生活保護制度における母子加算、所得税・住民税における寡婦控除などがある。

サバイバル❸

住民登録なしで制度を利用するには

公的支援は、住民票がある自治体で受けるのが原則だ。ところが、何らかの事情があって住民登録できないこともある。100％ではないが、役所に相談すれば対応してもらえることがあるのであきらめないでほしい。特にＤＶやストーカー被害に関しては、役所の理解も深まっている。配偶者暴力相談支援センターも相談を受けつける。

◉緊急時の制度利用例

①管轄の役所に申し込み、ＤＶやストーカーから逃げていることを話して、相手に居所を知られないよう、戸籍の附票や住民票などの開示を制限してもらう。

②逃げる際は保険証を持ち出すこと。持ち出せなかった場合は、国民健康保険なら夫と世帯を別にする。さらに、保険証を使った場合は、病院に事情を話し、家族から問い合わせがあっても住所や電話番号を教えないよう頼んでおく。

③夫の被保険者ならば、夫の健康保険から脱退し、国民健康保険などに入り直す。脱退の手続きは夫にしかできないが、役所に相談して特別措置を施してもらうことも可。また、生活保護を受給し、医療券で診療を受ける手もある。

◉配偶者暴力相談支援センター
東京都配偶者暴力相談支援センター／東京ウィメンズプラザ
電話　03-5467-2455
受付時間　毎日 午前9時～午後9時（年末年始を除く）
その他、配偶者暴力相談支援センターの機能を果たす施設一覧URL
http://www.gender.go.jp/policy/no_violence/e-vaw/soudankikan/pdf/center.pdf

（3）公的扶助

〈生活保護〉

生活に困窮するすべての国民に対し必要な保護を行い、健康で文化的な最低限度の生活を保障する制度。保障される生活水準（生活保護基準）は住まいや世帯構成等により異なり、毎年、改定される。原則として、世帯の全員が利用できるすべての資産を活用し、年金や手当など、あらゆる制度を利用しても、なお収入が生活保護法で規定されている最低生活費に満たない場合に適用される。扶助の内訳は次のとおりで、法律に基づいたその中身は8種類の「扶助」と各種加算から成り立つ。

①生活扶助　1類は食事、衣料費など、2類は光熱費、家具、家事用品など
②住宅扶助　家賃、補修費など
③教育扶助　義務教育で必要な学用品など
④医療扶助　医療費、通院費など
⑤介護扶助　在宅介護費用、介護施設入所費用など

⑥出産扶助　出産のための費用
⑦生業扶助　就労に必要な費用、高校就学費など
⑧葬祭扶助　葬儀に必要な費用

「生活保護の金額は全員一律で、働かないでも大金が手に入る」という言説を信じる人の多さには、目がくらむほどだ。国家が設計した制度がそんな簡単な訳がない。全員一律ではなく、地域や年齢、世帯人員に応じて項目ごとに金額が細かく設定されている。保護を受ける際の目安は、収入がその地域の最低生活費（生活扶助基準）を下回っているかどうかだ。

ほっとプラスがあるさいたま市を例に、具体的な金額を出してみよう。厚生労働省によると、首都圏の政令指定都市であるさいたま市は各種物価や住居費が高い場所とされ、「1級地-1」である。級地は3級地-2までの6段階に分かれる。

さいたま市の1人世帯の場合は、家賃がかかっていれば、住宅扶助費として上限月4万5000円（1人世帯の場合、2人世帯は5万4000円）が支給される。生活扶助費は1類+2類でおよそ7万9000円（1人世帯）。これは年齢や世帯人員で異なる。

単身者が暮らすために、住宅扶助と生活扶助で計約12万4000円程度が支給される。

病気の人は、福祉事務所で医療券を発行してもらい、生活保護法の指定病院で受診するときにそれを見せる。これが、いわゆる医療の現物支給となる。身体障害者手帳を持つ人は1~2級で約2万6000円の障害者加算があり、子ども1人の母子世帯では約2万2700円の加算がある。妊産婦加算、冬期加算もある。

その地域の生活保護基準は、その他に必要な生活サービスを規定する指標にもなっており、たとえ生活保護そのものには関心がなくとも、住まいの自治体のサービス指標や物価を知るために、一度調べてみることをおすすめする。保護基準の1・2倍、1・3倍の収入しかなければ低所得世帯とみなされ、支援対象となる。「一律大金をもらえる制度」ではなく、福祉に関するさまざまな支援の根幹となるものとして、見直していただければと思う。

サバイバル❹

相談ではなく「申請」を

生活保護は原則、申請主義であり、本人もしくは同居の親族が窓口に行かなければならない。自分で行けない場合は、福祉事務所による職権保護もある。

申請の際に最も注意してほしいのは、窓口で「申請に来ました」とはっきりと伝えることだ。「生活に困っています。どうしたらいいですか」などと言うと、働きましょうとアドバイスされて追い返されることがある。

申請意思を伝えるのは口頭でかまわない。意思さえ明確に伝えれば、役所は申請用紙を出すことになっている。**はっきり、「生活に困っているので生活保護を申請します」と言おう。**申請の際は、シャチハタではない印鑑を持参し、できれば預金通帳と、賃貸住宅に住んでいる場合は家賃額が分かる契約書もあわせて持って行く。困窮度合いがわかる書類を持っていくと話が早くなる。

申請書を書くとき、職員から困窮の度合い、そして手持ち現金も細かく聞かれる。これは、嫌みではなく、資産がないことを証明させたいため。自治体によっては、書類を持ち帰らせて、調べて記入してまた来てくださいと促すところもある。聞き取りと記入に１時間程度はかかるし、申請し終わるまで３時間ぐらいかかることもあるからだ。たとえば、１カ月の生活扶助費７万９０００円を超える現預金があると、使い切ってから申請してくださいなどと言われるはず。困窮しているかどうかの基準を超えているからだ。

このほか、病気や仕事を失って収入がなくなった人の銀行口座に10万円があると、生活保護を申請はできるけれども、初月の生活費は10万円を除いて支給される。

持ち家や車については、誤解されていることが多いが、現時点で収入がないなら、たとえ持っていても申請はできる。車がないと生活できない所に住んでいたり、通院や保育に必要という理由があれば、継続保有が限定的に認められるうえ、持ち家も処分価値が低く、住み続けることで活用価値のほうが高い場合は保有が認められている。たとえ資産であっても、すぐには売却できないため、場合によっては、受給後に売却して保護を停・廃止し、返還することもある。

虚偽申請は不正受給につながり、停・廃止になることがある。支給額の返還を求められたり、刑事罰を伴ったりもするので、当たり前のことだが、正しい内容で申請してほしい。

〈生活福祉資金貸付制度〉

低所得者、障害者、高齢者、失業者の世帯を対象に、無利子か低利子で生活費を貸し付ける。65歳以上の高齢者を対象とした「不動産担保型生活資金」の場合、住宅ローンを完済した自宅に住んでいれば、それを担保に土地評価額の70％程度、上限30万円の生活費を借りられる。詳細は住民票のある地域の社会福祉協議会へ。

〈労働災害保険〉

労働者災害補償保険（労災）は、業務上または通勤上の災害における負傷、病気、障害、死亡に必要な保険給付を行う。労働基準局が判断し、当てはまった場合は、政府管掌の労災保険から、災害の度合いに応じた医療費や一時金、年金が給付される。保険料は全額事業主の負担で、パート、正社員など労働の形態に関係なく、全労働者が対象となる。

請求は会社が行うが、本人や家族でも可能。労災指定病院で診療・治療を受けた場合は、窓口で労災であることを伝え、「給付請求書」を出す。自己負担はない。

◉労災《ろうさい》保険相談ダイヤル
電話　0570-006031
受付時間　月～金曜日　午前9時～午後5時（祝日、年末年始を除く）

サバイバル❺

病気で無収入。ダブルパンチは制度の組み合わせで切り抜ける

傷病は、働けなくなって収入がなくなるうえ、医療費もかかるというダブルパンチだ。だが、明らかに仕事ができない状態であること、4日以上仕事を休んでいることなどの条件を満たせば、収入の約6割にあたる金額を最長で1年6カ月間受け取れる傷病手当がある。それで治療費や生活費をまかない、早く健康を取り戻して復帰するのが望ましい。**会社から、「病気なら辞めてくれ」と言われても、簡単に受け入れてはいけない。**快復後転職するといってもそうそう簡単にはできない。ゆくゆくは退職することになっても、残った期間については、給付が持続する。同じ辞めるなら、少しでも有利な辞め方をすることだ。

傷病手当は業務外のけがや病気を対象としているが、労働災害保険の給付対象となっている業務上の傷病でも、傷病手当は使える。

デザイン会社に勤めていた30代の女性のケースでは、長時間労働で倒れたため、労災対象だったが、労災補償は認定・支給までに時間がかかる。労働基準局が仕事との因果関係を調べるためだ。そこで有給休暇等を消化して合法的に会社を休みながら、医療保険の傷病手当を申請し、労災が認定された時点で労災補償に切り替えた。労災補償は傷病手当よりも手厚く、万一障害が残った場合は生涯にわたって給付されるうえ、治療費もカバーされる。

働けない期間の収入をどうカバーするかが、生活を破綻させないためにはとても大切だ。最も敷居が低いといわれる傷病手当金を上手に使いつ

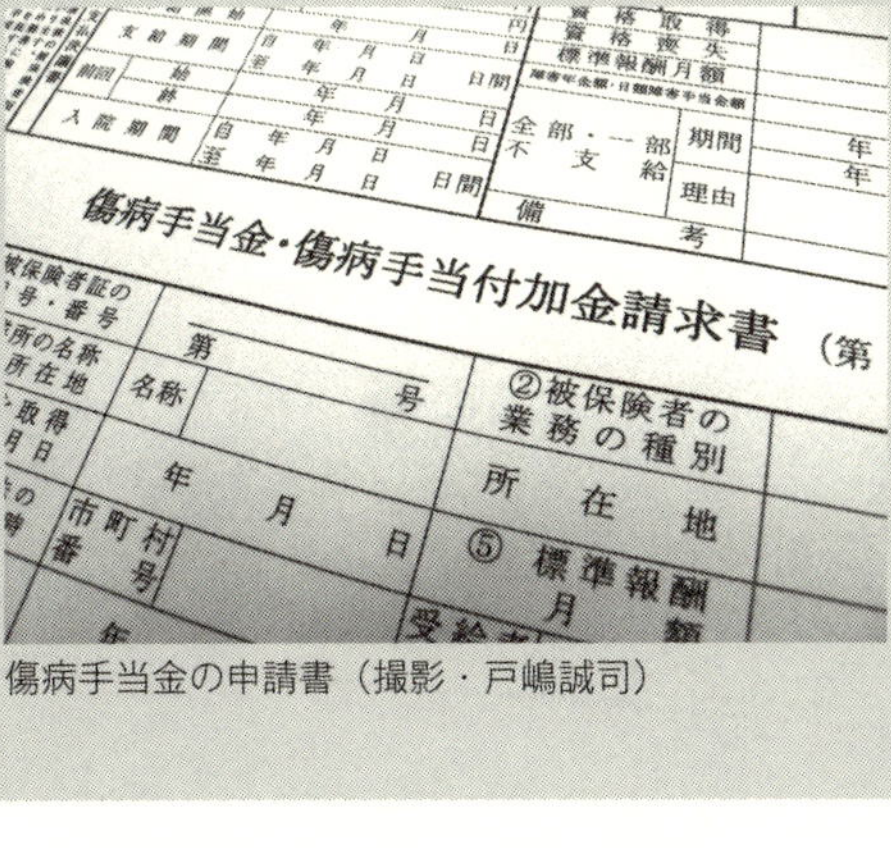

傷病手当金の申請書（撮影・戸嶋誠司）

つ、他の制度も組み合わせ、困窮状態を避けながら治療・休養できるようにしていきたい。

〈雇用保険〉

労働者の生活および雇用の安定と就職の促進のために、失業した人や教育訓練を受ける人等に対して、失業等給付を支給する制度。「1週間の所定労働時間が20時間以上あること」「31日以上の雇用見込みがあること」の2つの要件に該当する労働者は、事業所の規模にかかわりなく、すべて雇用保険の被保険者となる。雇用保険の保険料は労働者本人と雇用者が支払い、国庫負担もある。最寄りのハローワークまたは都道府県労働局に相談。

・求職者給付……基本手当、技能習得手当、通所手当、受講手当、寄宿手当、傷病手当

・教育訓練給付……指定の講座を受講し修了すると、本人が学校に支払った経費の一定割合に相当する額がハローワークから支給される。看護師、歯科衛生士、保育士、美容師、栄養士、整備士など、専門職を養成する講座が中心。

・離職者住居支援給付（住宅支援給付制度）……家賃を払えないなどして住まいを失いそうな離職者に対し、公営住宅の保障や家賃補助をする制度。日本初の公的な家賃補助制度である。ハローワークに求職申し込み中であることをはじめ条件はあるが、利用できれば家を失わないで済む。

生活全般の困りごとの解決支援をする「生活困窮者自立支援法」

貧困や格差が拡大しているにもかかわらず、制度利用には条件があり、手続きもややこしい。そこで2015年4月から、全国の自治体で総合的な相談支援を行う試みが始まった。厚生労働省の説明は次頁のとおり。

これまでもこうした制度はあったが、統括されていなかったため、窓口をたらい回しされる事態が起きていた。今後は新たに支援メニューも加わって、改善を目指すことになる。肝心の支援をアウトソーシングする恐れなど、不安要素はあるが、長期的なスタンスで関心を持っていきたい。万一、不利益な対応が発生した場合には、厚生労働省へ連絡や苦情を入れていただきたい。

自立相談 支援事業	どのような支援が可能か、専門の職員が相談者と一緒に考え、自立に向けた支援プランとスケジュールを作成する。
住居確保 給付金の支給	離職などにより住居を失ったか、失うおそれがある場合に、求職活動をしていることなどを条件に、一定期間、家賃相当額を支給する。
就労準備 支援事業	「社会との関わりに不安がある」「他の人とコミュニケーションがうまくとれない」など、直ちに就労が困難な場合、6カ月から1年の間、プログラムにそって、一般就労に向けた基礎能力を養いながら就労に向けた支援や就労機会を提供する。資産収入等の条件がある。
家計相談 支援事業	家計の立て直しをアドバイス。家計状況の「見える化」と根本的な課題を把握し、相談者が自ら家計を管理できるように、状況に応じた支援計画の作成、相談支援、関係機関へのつなぎ、必要に応じて貸付のあっせん等を行い、早期の生活再生を支援する。
就労訓練事業	柔軟な働き方による就労の場の提供。直ちに一般就労することが難しい方のために、その方に合った作業機会を提供しながら、個別の就労支援プログラムに基づき、一般就労に向けた支援を中・長期的に実施する、就労訓練事業（いわゆる「中間的就労」）もある。
生活困窮世帯の 子どもの 学習支援	子どもの学習支援をはじめ、日常的な生活習慣、仲間と出会い活動ができる居場所づくり、進学に関する支援、高校進学者の中退防止に関する支援等、子どもと保護者の双方に必要な支援を行う。
一時生活 支援事業	一定期間、宿泊場所や衣食を提供する。退所後の生活に向けて、自立支援も行う。

◉厚生労働省

電話　03-5253-1111（代表）

◉厚生労働省内 社会・援護局地域福祉課 生活困窮者自立支援室

電話　03-3595-2615

受付時間　月〜金曜日　午前9時〜午後6時（祝日、年末年始を除く）

民間および半官半民（NPO等）の支援制度・活動

防貧・救貧対策は、公的機関だけでなく、NPOや民間の事業所も行っている。一部を紹介しよう。

〈支援付きシェアハウス〉

失業や家賃の滞納などで住まいを失った人の緊急避難シェルター。ただ家を貸すだけでなく、訪問相談員が自立に向けてケアをする。全国のNPO法人が運営し、自治体との連携もある。空き家を利用し、できるだけ日常生活に近い状態で暮らせるハウスも増えてきた。

〈地域ネットワーク〉

支援を受けてアパートに入れたとしても、すぐ、その支援が目標とする「健康で文化的な」生活ができる人は少ない。支援を受けた後ろめたさから閉じこもり、テレビばかり見ている場合もある。どんな支援を受けていようとも、差別なく、お金もかけずに人とかかわれる場所が必要だ。福祉を学ぶ学生、シングルマザー、認知症患者、要保護者たちが交流できる場所が全国で生まれている。公民館、カフェ、私財でリフォームされた民家など、場所はバラエティ豊か。自治体のＨＰ等で検索できる。

サバイバル❻

奨学金返済には猶予制度がある

大学卒業後に非正規雇用で働くと、手取り収入16万円、それに国民健康保険料、国民年金保険料、家賃、さらに返済分奨学金を払うと食費にも事欠く。あまり知られていないが、こんなとき返済の猶予をしてくれるのが返還期限猶予制度だ。傷病、失業、低収入、被災、産休など幅広い範囲をカバーしているので早めに確認しよう。

◉奨学金返還相談センター

電話　0570-666-301（ナビダイヤル）

海外からの電話、一部携帯電話、一部IP電話からは　03-6743-6100

受付時間　月～金曜日　午前8時30分～午後8時（祝日、年末年始を除く）

日本学生支援機構が「奨学金」という名の「教育ローン」を貸与しているのは第3章の122～123ページでも説明したとおり。延滞や督促に窮した場合は、遠慮なく相談してほしい。

◉奨学金問題対策全国会議（東京市民法律事務所内）

電話　03-5802-7015

受付時間　月～金曜日　午前9時30分～午後5時30分

〈フードバンク、こども食堂〉

食品ロス大国でもある日本では、袋の印字ミスで店に出せなくなったものを含め、十分食べられる食品が年間632万トン捨てられている（農林水産省調査）。そこで飲食店やNPO法人、地域で連携し、必要なところに届ける試みが2000年代から始まった。全国各地のNPO法人が活動し、まず社会福祉関係の施設に送られてから備蓄され、そこから炊き出しなどに適宜配布される。

生きる根幹となる「食」はさまざまな可能性を秘めている。フードバンクと連携するこども食堂は、困窮家庭の交流拠点にもなった。子どもが食事を楽しみにすることが食育につながり、洗い物などのお手伝いをすることで、基本的な生活習慣を身につけるきっかけにもなっている。親が夜も働いていて、1人で食べるしかなかった子どもたちは、人と食べる楽しみも知っていくだろう。食だけでなく学習も支援し、小中学生たちの居場所を作る「支援ハウス」もある。

こうした情報をどうまとめて統括し、誰でもアクセスできるようにしていくかが次の課題だが、リストが必要なほど増えてきたのは喜ばしいことだ。

なお、干ばつや地震の被災者に食糧を寄付するのはよいが、生活困難者に対しては「自業自得」なので支援するのは嫌だという意見もある。貧困は社会が生んだ災難だということを、改めて自覚されたい。

企業が備蓄している社員用の非常食などは、フードバンクに寄付することもできる。団体により条件は違い、賞味期限が切れると受け入れできなくなるので、早めに確認を。

今、変わらないと問題は解決しない 意識改革編

プライドは捨てよ。「受援力」を持て！

これらの公・民の福祉サービスは、誰もが利用できるもの。もしや支援が必要な方では、と思いあたったら、ぜひ教えてあげてほしい。「違っていたら……」「お節介かもしれない」という遠慮が命取りになることもある。

「困っているので助けてください」と言い、堂々と支援を受けられるのは、その人の生きる力そのものでもある。つまり、人に依存でき、助けを求められるのは、弱さではなく、

強さなのだ。ここに、孤独死や自殺を防ぐ鍵がある。必要な支援は、ためらわずに受けること。そのためにも、日ごろから生活保護や社会保障に対する知識を身につけておきたい。

性格的に、頑固な人、狭量な人は危ない。他人の世話を受けるなんてと援助を拒み、自分で自分の首を絞めてしまう。私たちは「受援力が低い人」と呼んでいる。災害援助の現場で使われる言葉で、対義語は「支援力」となる。阪神大震災や東日本大震災などの大災害を経て、日本は圧倒的に支援力を上げ、組織的なボランティア活動ができるようになった。助けたい人、少しでも誰かの力になりたい人は大勢いる。ところが被災地では、ボランティアがいるのに助けを求めない人が少なくない。

不思議なことだが、困っている人を「自己責任」とバッシングする人が大勢いる一方で、人助けしたい人が大勢いるのも日本なのだ。彼らの「助けたい心（行動）」を引き出すのも、声のあげ方次第である。

有給休暇を取ろう

専門学校生に、学校を休ませてまでアルバイトをさせていたブラック企業の店長は、自分がほとんど休みを取れなかったという。自分の休みが取れなければ人の休みに寛容になれるわけがない。有給休暇を取ろう。原則としてパートでも派遣でも、**雇用形態にかかわらず半年間で10日間の有給休暇が発生する。**勤続6年半以上であれば、20日間になる。あなたが職場の上司なら、自分から積極的に取ると、部下も取りやすくなる。お互い取らないよう見張り合っている職場は、生産性もよくないはずだ。

全国健康保険協会（加入者数約3600万人）の2014年発表によれば、労災受給理由のうち最も多いのは、「精神及び行動の障害（うつ）」で2万2161件、全体の25・7％を占める（2013年データ）。第1次就職氷河期の1998年には5505件だったから、15年間で4倍増である。

図表5-1 年次有給休暇の取得率の推移

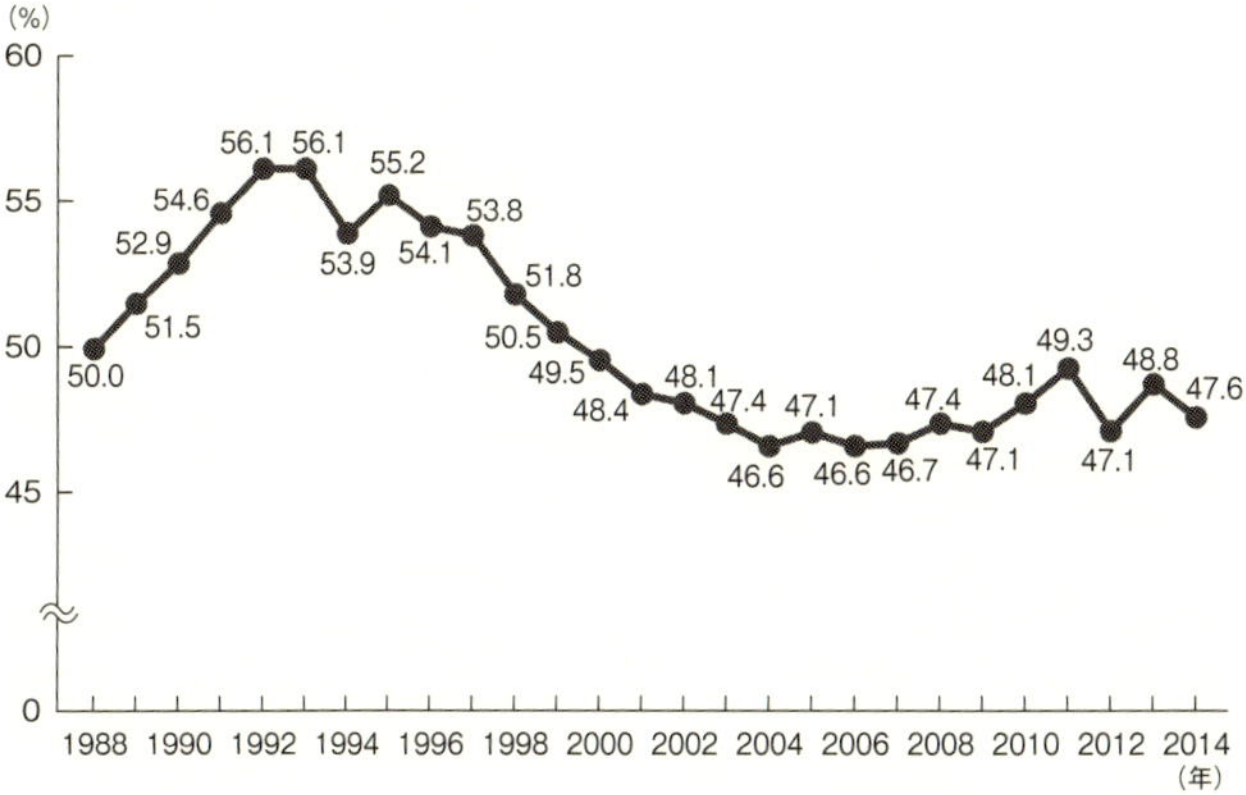

出典:2016年版 過労死等防止対策白書

引き金の一つが、心身を回復させる暇もないほどの長時間労働だ。大手IT企業や建築会社では、ようやく残業の多さを管理職の責任とみる意識改革が始まった。企業の試みが、深夜労働が当たり前になっているコンビニや外食産業にまで普及していくかどうかが、社会保障の底上げの鍵となるだろう。土日の営業を禁じた欧州のように、過当競争に待ったをかけるような政府の規制も必要かもしれない。

生活が破綻する前に、労働組合に加入を

第2章、第3章でも述べたが、「アルバイトには労災は出ない」「有給取るなら賠償金」など、開いた口がふさがらなくなるような誤った認識を持つブラック企業は、残念ながらある。病欠したアルバイト女子高生から罰金を取っていた大手コンビニも発覚した。

労働組合は労働者を守るためのものだが、そもそも組合が脆弱化して、メリットもわからなくなっている。私は、就職が決まった学生たちには、まずどこかの労働組合に入って、そこの仲間たちと情報交換し、交流することを勧めている。似たような相談が2、3人から集まれば組織を組めるし、同じ職場から2、3人が出てくれば、交渉を有利に持って行ける。自分だけがしんどい、だから我慢しなきゃという誤解も、同じような境遇の人

と話し合わないから起こるので、連帯はすべての基本だ。ブラック企業訴訟も、大企業に対して小さなユニオンが結束して共闘することで、未払い賃金や権利保障、人間らしい働き方を勝ち取ってきた。

企業が組合を持っていなくても、1人で加盟できるユニオンが増えてきた。組合費はひと月1000円程度のところもある。交流会や講習会も行われ、労災の相談にも乗ってもらえる。次頁で紹介するのはほっとプラスが提携するユニオンだが、他にも多くのユニオンがある。興味を持って、どこかのユニオンに入るのがいいだろう。どのユニオンでも秘密は厳守される。

図表5-2 労働組合加入率の国際比較

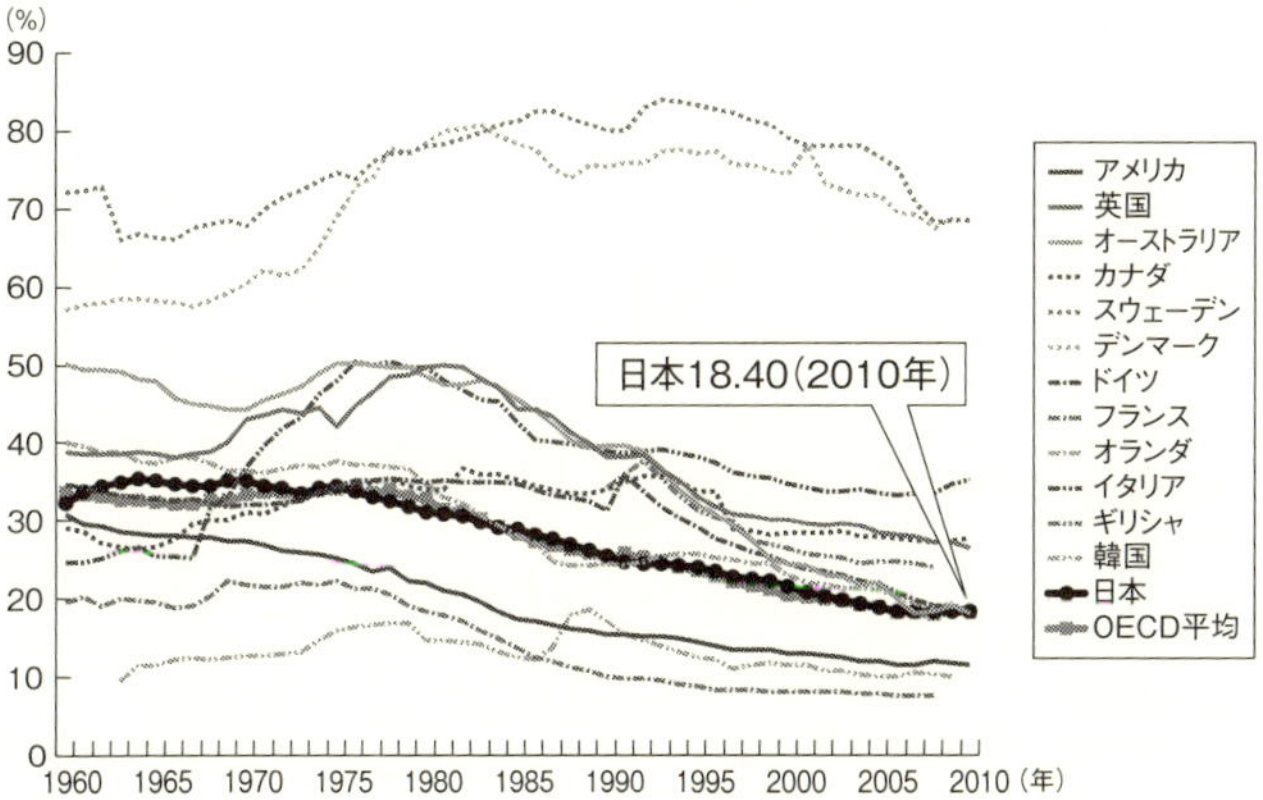

出典:2012年版 厚生労働白書

◉ブラックバイトユニオン
電話　03-6804-7245
受付時間　毎日　午前10時～午後10時
※相談無料

リスク分散の準備は40代が目安

「60歳になったら地域デビュー」といった明るい記事を時々見かけるが、私は、老後の準備はもっと早くから始めたほうがいいと考えている。退職して次の日に「デビュー」できるほど人間は器用ではない。仕事ひと筋で生きてきた人ほど、会社を辞めたことで生きがいを失い、少なからずショックを受ける。

某都市銀行に勤めていた男性のケース。退職金はドンと3000万円出た。65歳からもらえる年金は月額24万円とまあまあの滑りだし。さいたま市にローンを払い終えた持ち家もあり、預金も合わせると現金は4000万円ほどあった。順調な「勝ち組」だった。

ところが、退職して行くところがなくなると、63歳で認知症を発症した。妻に暴力をふるうようになり、一緒に暮らせなくなってしまう。妻は専業主婦だったため、持ち家を売って折半し、年金も分割することに。夫が15〜16万円、妻が8万円である（2008年の法改正で、離婚すると夫の年金が妻に分割されるようになった）。2人がそれぞれアパートで暮らし始め、あっという間に下流老人の世帯が2つできてしまった。

男性は認知症のために働けず、大家さんが相談に来たときはすでにアパートの部屋はぐちゃぐちゃで、紙ゴミや箱の山。家賃も滞納し、大家さんは「早く出ていってほしい」と困っていた。私たちは大家さんと本人の間に入ってNPOのシェルターに一時保護。それから介護保険に入ってもらったが、まもなくがんが見つかってしまう。最後には衰弱して亡くなった。家族は「顔も見たくない」ということだった。

アパートの部屋を片づけに行くと、箱は健康食品だった。得体の知れない宗教のお布施の預かり証が出てきて、50万円とか70万円とか書いてある。どこかの宗教法人に言われるまま出していたのだろう。飲み屋の領収証も山のようだった。会社員時代のクセで、領収証だけはもらっていたのか。奥さんとも別れ、誰かと話をするためにはお金を払うしかなかったのだろう。

この男性は、生活はすべて妻任せ、ご自身は仕事ひと筋で生きてきた。こうした、あまりにも極端な生き方は、何か一つあると、つっかえ棒が外れたように転がり落ちる。こんな猛烈社員を育てたのは会社の責任でもあるし、男子の授業に家庭科が取り入れられたのは1993年からだから、家事の大切さを公教育で教えなかった社会の責任でもある。もっと早くリスクを分散していたら、と思わざるをえなかった。

〈リスク回避のためにできること〉

・仕事ひと筋にならないよう、家事、子育てなど、生活力も磨く。
・地域の活動に参加し、サークルのような疑似家族を作る。周囲とつながりがあれば、「最近調子が悪そうだね」「元気かい？」と気にかけてもらえるし、助けを求めやすい。
・退職後、完全に仕事がなくなってしまわないよう、副業を持つ。人脈作りにもなり、年金以外の収入も確保できる。急には難しいので、40～50代が目安。

権利意識を持って将来の年金受給額をチェック

厚生年金・国民年金の被保険者には、日本年金機構から「ねんきん定期便」が送られる。誕生日月には葉書で、そして35、45、59歳と節目の年には、封書で送付されている。50歳以上になると、現在の仕事を60歳まで続けた場合の「老齢年金の見込額」も試算されているため、老後の生活設計の目安にもなるだろう。現役世代の半分の収入があることを目安に、足りない分は副業で稼ぐなど、だいたいの計画を立てておくとよい。

自分が年金をいくらもらえるのかを知らない人は意外と多い。年金の支給額も減っているため、漏れや空白期間がないかも含めて確認しておくこと。働くから年金なんて要らない、という人は多いが、病気や事故は予測不可能である。

２０１６年10月からは、厚生年金保険・健康保険の加入対象が広がった。保険料の額や、補償内容が変わる可能性がある。厚生労働省のホームページでも解説されている。

◉厚生労働省ＵＲＬ

http://www.mhlw.go.jp/stf/seisakunitsuite/bunya/2810tekiyoukakudai/

選挙で何が変わるか

食品ロス一つ取っても、余剰分は福祉施設を通してこども食堂などに送られる。自治体が補助金をつける場合には、国民の納めた税で運営されていく。支払った税金が、医療、教育、福祉などさまざまな分野に配分され、また国民に還元されていく。そうした配分は、その時々の政治に深く左右される。どの政党が政権を取るかで私たちの生活、それこそ大根1本の値段が変わっていく可能性のあることを、私たちはもっと意識していい。今は社会保障費と防衛費が増えている一方、介護保険報酬や生活保護予算など、一部の社会保障や貧困対策が減少し続けている。

食事してデートするだけで、どうして1万円が飛ぶのだろう。新幹線に乗るだけで、どうして往復2万円もかかるのだろうと、日常の一つひとつに疑問を持ってみてはどうだろう。その積み重ねから貯蓄が減り、将来は貧困の渦に巻き込まれるのだから。

全部減らせる。バスも食費もガス代も、生活費すべては自分で節約もできるが、政治のとりまわしと税の使い方で変わる。投票行動は、ブラジルの1匹の蝶の羽ばたきがテキサスで竜巻を引き起こす「バタフライ効果」だ。今は組織票で勝てる自民党は、若者が政治に来てくれなくても勝てる（森喜朗元首相発言）ので、彼らが選挙に来なくてもかまわないが、野党は投票率で左右されてしまう。たとえば、若者の支持を集めて米大統領選で勝利を収めたドナルド・トランプ氏は、今後は非正規雇用の最低賃金を引き上げていく可能性が高い。日本もまた、声をあげれば、最低賃金を引き上げることを確約する政治家が出てくるだろう。

最低賃金が1500円だったら～選挙で声をあげよう

現在、最低賃金は全国平均で798円からようやく上がり、823円である（全国で最低賃金が最も高い東京都も平均907円から932円まで見直される予定）。だが、時給823円の1日8時間、月に20日働いたとして13万1680円である。ちなみに介護や看護の人材として外国人労働者を受け入れても、日本語を学んだ優秀な人材が、日本の生活費の高さに驚き、母国へ逃げ帰る事態が起こっている。

非正規雇用者の3人に1人は、世帯収入の半分以上を稼ぐ家計の担い手である。安倍内閣は最低時給1000円を目指すという目標を掲げるが、十分ではない。たとえ時給1500円で1860時間（フルタイム労働者の所定内労働時間）働いたとしても、年収279万円にしかならない。

ヨーロッパ圏なら、最低賃金1100円、1200円が当たり前になっている。ドイツのメルケル首相は、最低賃金を引き上げると持ちこたえられなくなった中小企業が倒産すると反対したが、国が中小企業に減免・減税措置を行えば問題ないことがアメリカ、フランスの先例からわかった。

措置の財源についていえば、財界もステークホルダー（利害関係者）である。政治と財界はつながっており、どこから資源を引き出させるかも、間接的ではあるが、国民が方向を定めていくことができる。経団連などの反対でできないでいる最低賃金の大幅な引き上げと教育投資の増強は、団塊ジュニアと、選挙権を得た10代が投票することで初めて「投票勢力図」が変わって可能になるはずだ。この2つが変わるだけでも、若者たちの生活は激変するはずだ。

彼らは何もしたくないわけではなく、聞いてみると、収入があったらもっと遊びたいし、消費もしたい、結婚もしたいと語る。

最低賃金を1500円に上げるよう求めるデモで話をする著者＝東京都内で（撮影・戸嶋誠司）

市民グループ「ＡＥＱＵＩＴＡＳ（エキタス）」が行っている、最低賃金１５００円活動も参考になる。試しにツイッターの「＃最低賃金１５００円になったら」であげられているつぶやきを見てみよう。「病院に行きたい」「３食食べたい」といった望みはショッキングですらある。自分だったら、どんな一文を続けるだろう？　ネットがつながる環境なら、ぜひ書き込んで、考える機会を多くの人に提供してほしい。

貧困や格差を身をもって知る人々が政治に関心を持ち、社会的地位を占めて初めて、福祉社会を目指す集団が形成される。それまで日本社会が持続可能性を保っていられることを願うしかない。それまでは、さまざまな社会保障を維持・存続させ、せめてマイナス効果を少しでも減らしていくことが私たち福祉に携わる者の役目だと考えている。

おわりに

21世紀は「分断の世紀」と言われている。

反義語である「統一」に建国の意義を見いだしたアメリカは、キング牧師の尽力やさまざまな公民権運動により、根深い差別を一歩ずつ克服してきた。多民族のたくましい労働力に助けられて見事に発展してきた国である。

しかし、そのアメリカでも、ドナルド・トランプ氏は「メキシコとの国境に壁を造る」と叫んで選挙で圧勝し、第45代大統領に就任した。外国人労働者を排斥する発言も見受けられる。テロの恐れのある国々からの入国制限や禁止も立法化されようとしている。他を排除すれば、豊かになれるという単純な図式で民衆に訴えかける方法は、世界のパンドラの箱を開けてしまった。これらの過激な訴えは賛否両論を巻き起こし、アメリカ国民の間に大きな分断を生じさせている。

これはアメリカだけではない。フランスやドイツでも、特定の民族を排斥し、難民の受け入れ拒否などを訴える政党や政治家が認知されてきた。彼らを支持するのは、他者を排斥しなければ自身の利益や生活が守れないと思う人々である。世界は他者に対する不信感や連帯を拒否する雰囲気に包まれている。

一方、日本は海に囲まれた島国であり、欧米のような深刻な人種差別は起こらないと言われてきた。だが、在日外国人に対する差別が噴出し、目に見える形で街中でも見かけられるようになった。生活保護を受けていない人が受給者をバッシングしたり、育休をとらない社員がとった社員を排斥したりといった、実に浅ましい分断が近年は顕著だ。

１９９０年代半ばから、雇用の破壊を背景に年収は全世代で減っている。企業にもゆとりはなくなり、少ないパイを市民同士で奪い合わざるをえないほど貧困が進んだ。経済は停滞が続き、明日への希望を見いだせない中、他者に対する思いやりや優しさを持つ余裕も失ってしまっている。

前著『下流老人』の出版後でも、子どもの貧困問題に取り組む団体の関係者から、「高齢者より子どもが大事でしょう」「予算をつけるなら子どものほうでしょう」と私は言われ続けた。繰り返しているが私の回答は一つしかない。

「どちらも生きていくのが大変だから、どちらも大事。多数決をとって『子どもが大事です』となったら高齢者は救われない、という単純な話ではない」のである。ほかにも、ワーキングプアと生活保護受給者、正規雇用者と非正規雇用者など、対立構造は至るところにある。誰もが不安な社会になっているため、たとえばシングルマザーを救えと言っても、「私たちも困っているのに不公平」という意見が別のカテゴリーの人たちから出てきてしまう。このような偏狭で、どちらが優先かといったつまらない議論の土俵に乗せられてはいけない。

だが、それには世代や生活レベルを超えて全国民が議論しなければならず、まず分断を解きほぐすことからすべてが始まるのだろう。

貧困化が進む中、社会で分断が見えやすくなった。だからこそ、亀裂を埋め、低所得者だけでなく、誰もが助かる道筋を私たちは探っていく必要がある。

思えば人類は何度もクライシスを乗り越えてきた。近年ならば、東西冷戦であろう。統一を果たした21世紀は、私たちが主体的に分断を乗り越え、生きることがしんどいと思う人を一人でも少なくしていかなければならない。本書の企画は、そんな想いを込めてスタートしている。

構成の核となったのは、毎日新聞ウェブサイト内の経済プレミアで連載中の「下流化ニッポンの処方箋」である。2016年6月から始まり、毎週更新されるたびPVは伸び、リツイート等でたくさんの方に拡散していただいた。「NPO法人ほっとプラス」に寄せられる相談事例をわが事のように感じてくれる方が大勢いてくださったことに、まず感謝したい。連載中も、貧困バッシングや、年金カット法案の強行採決など、貧困をめぐる問題が毎日のように起こった。本書はそうした事例も含め大幅に加筆して、より関心を持って議論の材料としていただけるようにした。

本書を通じて、初めて貧困問題に触れてくださった方々には、自分以外の層、カテゴリー、年代の人々が、日々の暮らしにどう向き合っているかを知っていただければと思う。そしてできることから行動していただけたらありがたい。「貧しい人は自己責任でそうなったのだから仕方がない」と無関心なままでは、亀裂はより大きくなるばかりだし、次は私たちがそうなる番かもしれないのだ。

貧困は世代を超えてつながっており、同じ地平線上というだけでなく、親子二世代、三世代と時間軸でも連鎖してつながっていく。今、議論を巻き起こすことは、将来の貧困対策だけでなく、今困っている人たちをも助けるはずだ。他者の幸せは、明日のあなたにも希望を与えるはずである。

最後に、本書を一緒に作り上げてくれた仲間に感謝したい。経済プレミアの企画、執筆段階から一貫して付き合ってくれた毎日新聞の戸嶋誠司氏、ともに作業を見守ってくれた毎日新聞出版の峯晴子氏、編集作業を手伝ってくれた柴崎あづさ氏には大変お世話になった。

また、執筆をサポートしてくれたほっとプラス事務局スタッフ、そして何よりも、多忙な私の日常に呆れながらも献身的に支えてくれている家族に感謝したい。３歳になる息子や彼の友人たちが安心して暮らせる社会になることを願って、これからもさまざまな活動をしていきたいと思う。

２０１７年1月31日

藤田孝典

著者紹介

藤田 孝典 (ふじた・たかのり)

1982年生まれ。埼玉県越谷市在住。NPO法人ほっとプラス代表理事。社会福祉士。ルーテル学院大学大学院総合人間学研究科博士前期課程修了。首都圏で生活困窮者支援を行うソーシャルワーカー。生活保護や生活困窮者支援の在り方に関する活動と提言を行う。聖学院大学客員准教授(公的扶助論)。反貧困ネットワーク埼玉代表。ブラック企業対策プロジェクト共同代表。厚生労働省社会保障審議会特別部会委員(2013年度)。著書に『下流老人 一億総老後崩壊の衝撃』『続・下流老人 一億総疲弊社会の到来』(いずれも朝日新聞出版)、『貧困世代 社会の監獄に閉じ込められた若者たち』(講談社)、『ひとりも殺させない』(堀之内出版)、共著に『知りたい! ソーシャルワーカーの仕事』(岩波書店)など多数。

貧困《ひんこん》クライシス
国民総《こくみんそう》「最底辺《さいていへん》」社会《しやかい》

印　刷　2017年2月20日
発　行　2017年3月5日

著　者　藤田孝典《ふじたたかのり》
発行人　黒川昭良

発行所　毎日新聞出版
〒102-0074 東京都千代田区九段南1-6-17 千代田会館5F
営業本部：03 (6265) 6941
図書第二編集部：03 (6265) 6746
印刷・製本 中央精版

ISBN978-4-620-32406-7